河北省社科基金项目（项目编号：HB19YJ044）研究成果

河北省重点学科"人口、资源与环境经济学"经费资助

Analysis of the Matching Degree between
Financial Development and Agricultural
Modernization in China

金融发展与农业现代化的
匹配度研究

刘立军 / 著

中国财经出版传媒集团

经济科学出版社

Economic Science Press

图书在版编目（CIP）数据

金融发展与农业现代化的匹配度研究/刘立军著.
—北京：经济科学出版社，2019.5
ISBN 978 – 7 – 5218 – 0622 – 9

Ⅰ.①金…　Ⅱ.①刘…　Ⅲ.①金融事业 – 经济发展 –
关系 – 农业现代化 – 研究 – 中国　Ⅳ.①F320.1②F832

中国版本图书馆 CIP 数据核字（2019）第 119130 号

责任编辑：张　燕
责任校对：郑淑艳
责任印制：邱　天

金融发展与农业现代化的匹配度研究

刘立军/著

经济科学出版社出版、发行　新华书店经销
社址：北京市海淀区阜成路甲 28 号　邮编：100142
总编部电话：010 – 88191217　发行部电话：010 – 88191522
网址：www. esp. com. cn
电子邮件：esp@ esp. com. cn
天猫网店：经济科学出版社旗舰店
网址：http://jjkxcbs. tmall. com
固安华明印业有限公司印装
710×1000　16 开　13.75 印张　220000 字
2019 年 9 月第 1 版　2019 年 9 月第 1 次印刷
ISBN 978 – 7 – 5218 – 0622 – 9　定价：58.00 元
（图书出现印装问题，本社负责调换。电话：010 – 88191510）
（版权所有　侵权必究　打击盗版　举报热线：010 – 88191661
QQ：2242791300　营销中心电话：010 – 88191537
电子邮箱：dbts@ esp. com. cn）

前　言

当前，中国农业正处于由传统农业向现代农业转型的关键时期，金融在推动农业现代化进程中的作用不断增大。然而，受制于种种因素，金融对农业现代化的"瓶颈"制约问题较为突出。深入分析后发现，往往金融发展水平较高的国家或地区，其农业现代化水平也较高。已有研究大多从涉农金融的角度，分析如何增加金融支农力度，而金融在推动农业现代化的过程中，不仅通过金融资本的投入促进农业发展，还从多方面促进了农业全要素生产率的提高。因此，一个国家或地区的农业现代化水平不只是受到金融支农力度的影响，还与金融发展水平密切相关。

本书以金融发展与农业现代化的匹配度为切入点，实证分析金融发展与农业现代化的动态关系、匹配程度和匹配路径，尝试破解中国农业现代化进程中的金融"瓶颈"，寻求金融进入农业的有效路径。本书的主要研究内容包括：分析金融发展与农业现代化之间的作用关系，提出理论假设；在回顾了中国的金融发展和农业现代化进程的基础上，对理论假设进行实证检验，得出结论并对于破解中国农业现代化进程的金融"瓶颈"提出对策建议。

首先，提出金融发展与农业现代化之间作用关系的理论假设。在农业发展的不同阶段，对金融有着不同的需求。金融发展与农业现代化的匹配程度决定了是促进还是制约农业现代化的进程。其次，实证检验金融发展与农业现代化的匹配程度。通过构建金融发展评价指标体系和农业现代化评价指标体系，利用中国 31 个省份 2009～2015 年的面板数据，构建面板 VAR 模型动态分析金融发展与农业现代化之间的关系；构建金融发展与农业现代化的匹配模型，实证分析中国东部、中部和西部及 31 个省份金融发展与农业现代化的匹配程度；构建 FINA – AGRI 结构方程模型（SEM），实证分析金融发展与我国农业现代化的匹配路径。最后，对于如何突破现代农业发展的金融"瓶颈"给出对策建议。本书的基本观点是，政府搭建平台引导金融资本进入农业、创新农业组织形式吸引金融资本进入农业、提高金融发展水平促进农业现代化进程是提高金融发展与农业现代化的匹配度，实现金融与农业现代化无缝对接、金融资本与农业现代化共进双赢的有效途径。

本书的主要创新性在于，通过理论假设和实证验证对金融发展与农业现代化之间的复杂关系进行了系统分析，以金融发展与农业现代化的匹配度为切入点，研究综合运用多种实证方法，构建了金融发展与农业现代化的动态关系的 PVAR 模型、金融发展与农业现代化的匹配度模型（F – A 模型）、金融发展与农业现代化（FINA – AGRI）结构方程模型（SEM）。得出结论：（1）处于不同的农业发展阶段，不同的匹配程度对农业现代化进程的影响程度不同；（2）中国当前金融发展与农业现代化匹配度较低，金融规模和金融深度对农业发展影响显著，而金融结构对农业影响不显著；（3）地区发展不均衡，东部地区 F – A 匹配指数较高，中部地区 F – A 匹配指数较低，西部地区金融发展与农业现代化不匹配。

本书的现实意义在于，中国正处于现代农业发展的转型期，金融发展对农业应发挥"供给导向"的作用，这为以金融手段诱发农业现代化提供了机会，并成为农业自主发展的先决条件；当农业进入全面现代化阶段时，金融将贯穿于现代农业生产全过程，金融与现代农业高度融合，匹配程度提高，金融供给侧改革将转变为"需求跟随"模式。这个观点成为研究金融发展与农业现代化关系的一个新思路，并提供了理论分析的逻辑，为突破农业现代化的金融"瓶颈"提出了对策建议。

本书是河北省社会科学基金项目"河北省金融发展服务实体经济的路径选择研究"（HB19YJ044）的研究成果。本书出版得到了河北地质大学省级重点学科"人口、资源与环境经济学"经费资助，特此致谢。

作　者
2019 年 5 月

Contents

目录

第1章
绪　论

1.1　问题的提出

一个国家或地区的农业现代化是由多方面因素共同推动的，包括政治因素、经济因素、制度因素、技术因素、自然因素等。在推动农业现代化的诸多因素中，到底哪个因素更重要？尽管学者们有着不同的见解，一个基本的事实是，在农业发展的不同阶段，其推动因素也在不断发展和变化中，即使是自始至终贯穿于农业发展全过程的因素，其作用大小也在不断发展变化。从经济学范畴来看，土地、劳动力和资本为农业生产三大基本要素，通常也被称为传统的农业生产要素。除了土地、劳动力和资本三大基本要素外，金融在推动农业现代化进程中的作用也在不断增长，金融不仅作为资本投入直接推动农业的进步，还在促进劳动力素质和能力的提高、技术进步、规模化经营、标准化生产、专业化分工等新的现代农业要素对农业投入方面，起到了关键的作用。金融通过推动这些新的现代农业要素的投入，多方面促进了农业全要素生产率的提高。那么，金融发展与农业现代化是否具有相关关系？金融发展水平与农业现代化的匹配度是如何影响着农业现代化的进程？金融发展影响农业现代化的路径是什么？在中国当前供给侧结构性改革的背景下，随着金融总体水平的发展，金融政策怎么调整，方向怎么转变，这关系到金融的农业支持政策，也关系到金融和农业自身的效率，既是理论，也是实践，都是值得研究的问题。但是迄今为止，关于此问题的研究大多是从涉农金融的角度展开，探讨如何加大金融支农力度等，很少有人深入研究一个国家或地区的金融发展整体水平对其农业的影响，单独从涉农金融角度研究金融支农问题具有一定的局限性，难以全面分析金融对农业的影响。现代农业是以金融为纽带，组织、管理农业生产，运用现代科学技术方法、装备，实现农业生产专业化、标准化、规模化的现代生产模式，需要较高的金融发展水平与之相匹配。农业现代化的进程中，金融需求旺盛，只有通过提高金融发展整体水平，金融具备足够的能力，才能有效满足农业发展的金融需求；只有当金融发展水平足够高时，加大金融支农力度等措施才是有效途径。

当前，我国正处于由传统农业向现代农业转型的关键时期，新型农业组织形式不断涌现，农业生产的规模化、集约化水平持续提高，先进科学技术和装备快速推广应用，农业进入高投入、高成本的发展阶段，农业发展对金融的需求越来越旺盛。中央高度重视农村金融发展，把金融政策作为强农、惠农、富农政策体系的重要组成部分，不断加大金融支农力度，金融在保障粮食安全、增加农民收入、建设现代农业中的作用越来越大。然而，受制于种种因素，目前农村金融供给与需求之间的通道仍然不畅，农业农村经济发展的金融需求尚未得到有效满足，新型农业经营主体"贷款难、贷款贵"问题还没有得到根本解决，金融对农业现代化的"瓶颈"制约问题较为突出。本书以金融发展水平与农业现代化的匹配程度为切入点，实证中国不同时期金融发展与农业现代化的匹配程度和匹配路径，尝试破解中国农业现代化进程的金融"瓶颈"，寻求金融进入农业的有效路径。

1.1.1　我国农业金融的发展背景

长期以来，我国的农业处于基础地位，支持了工业和其他产业发展的同时农业自身成为弱势产业。进入21世纪以来，中国进入了工业反哺农业的发展新阶段，也为金融的发展创造了新的机遇。近年来，国家接连对金融服务农业做了战略部署，这是提高农业生产效率、涉及国家粮食安全的战略要求。

今后的发展中如何来保护、补偿和发展农业，让农业在国民经济现代化过程中焕发青春是亟待解决的问题（王健、解聪、张悦玲等，2015）。

1.1.1.1　农业金融发展落后制约了农业现代化的进程

一个国家或地区所采取的经济发展战略对该国家或地区的发展具有重要的引导作用。经济发展战略本身就具有较强的政策性，加之为配合不同经济发展战略所制定的政策，促使社会经济中的各微观经济主体为实现该经济发展战略而承担不同的经济职能。因此，一个国家或地区的经济发展战略的制定对该国家或地区的微观经济主体会产生极为深远的影响（王曙光，2010）。

新中国成立初期，我国采取了工业发展优先战略，农业获得的资金支持较少，制约了农业的发展。长期以来的"重工抑农"，不仅使我国农业的发展滞后于工业，而且在农业生产过程中造成了对资源的耗费和对生态的破坏。伴随着城乡二元经济结构的加剧，金融体系也逐渐形成二元金融结构，农业资本大量外流，农村金融发展滞后于城市金融，农业生产中的金融需求旺盛，正规的农村金融体系却难以满足，农村非正规金融虽然起到了重要的作用，却难以获得国家支持，另外还加剧了金融风险（王曙光，2010）。城乡二元经济结构和二元金融结构的存在，不仅使得农业、农村大量资本外流，还使得农业生产的劳动力大量外流。受过高等教育的农村生源毕业后大多选择定居城市，回乡创业者凤毛麟角。在这样一个金融需求难以满足，金融资本、劳动力资本外流的环境下，中国的传统农业在向现代农业转型的过程中，举步维艰。

1.1.1.2　探讨金融发展进入农业路径成为关键选题

传统农业的生产方式和组织形式以及金融发展水平的制约影响了农业现代化进程。传统农业的生产者多为分散的农户，缺乏对未来市场走势的预期和判断，当面临自然灾害所带来的自然风险和价格波动所带来的市场风险时，有效化解能力有限；传统农业中的非标准化、非规模化的生产模式，使其市场价值难以确定，致使金融资本进入农业缺乏路径；由于传统农业的高风险、低投资收益率，金融资本缺乏支持农业发展的意愿与动力、金融创新动力不足，制约金融资本进入农业。

提高金融发展水平，增加金融支农力度，寻求金融发展进入农业的路径，可以激发农业经营主体的内生活力，发挥市场在资源配置中的决定性作用。运用金融与市场相结合的方法，充分发挥参与各方的比较优势，创新农业组织形式，组建农业生产、经营的专业化、标准化组织机构，实现具有差异化的特色种植、养殖、收割、储运、新技术研发与技术应用等专业化合作组织，为金融资本进入农业提供主体责任、价值判断和风险边界，从而找到金融资本进入和退出农业的路径。因此，探讨金融发展进入农业的路径是当前的关键选题。

1.1.1.3 工业反哺农业为加快农业现代化带来了新机遇

2004 年，中共十六届四中全会明确提出中国进入了工业反哺农业的发展新阶段，也为金融发展创造了新的机遇。近年来，国家接连对金融服务农业发展做了战略部署，这是提高农业生产效率、涉及国家粮食安全的战略要求。国务院办公厅、农业部、银监会等政府部门对金融服务"三农"下发了文件和通知等。同时，连续 15 年的中央"一号文件"都分别从不同的角度对农村金融市场的组织创新、农村金融市场的工具创新以及金融服务农村的方向等加以引导。

进入 21 世纪以后，政府不再以追求国内生产总值（GDP）高速增长为目标，而是追求全社会共同发展。为了消除工业生产和农业生产的剪刀差，政府采取了一系列措施促进现代农业的发展。仅使用传统生产要素的农业是无法对经济增长做出重大贡献的，能否使农业有效地促进经济增长的关键则是农业投资以及投资所采取的形式，在促进我国农业由传统农业向现代农业转变的过程中，需要大量的资金支持（王曙光，2010）。此时，随着中国经济市场化程度的不断加深，不仅作为直接融资的证券市场有了较大的发展，银行等金融机构的市场化水平也越来越高。2004 ~ 2018 年连续 15 年中央"一号文件"的发布都体现了政府对农业发展的重视，但是从农业自身的发展特性来看，由于土地的产权不明晰、缺少退出机制、自然风险大等原因，使得银行等金融机构涉农意愿不强。因此，金融依然是实现农业现代化的制约"瓶颈"。

1.1.2 破解农业现代化的金融"瓶颈"的路径

本书从金融发展与农业现代化匹配的视角，分析金融发展与现代化的匹配度，为破解我国农业现代化的金融"瓶颈"提供了有效路径。

国内已有研究多着眼于农村金融的视角展开，然而金融作为一个完整的体系，服务于国民经济各部门的发展，并没有严格的农村金融与城市金融的划分。在中国从传统农业向现代农业转型的过程中，除了涉农金融对农业现代化产生影响外，国家的经济发展战略、对农业的支持程度、证券业发展、金融规模、金融结构等，对农业现代化都产生着重要的影响。本书不再局限于从涉农金融角度讨论金融对农业的影响，而是着眼于金融发展与农业现代化之间的复杂关系，展开系统性的理论分析和实证检验。

中国当前处于由传统农业向现代农业的过渡阶段，在农业现代化的进程中，农业对金融的需求旺盛，金融发展对农业的影响变得越来越重要。通过研究金融发展与农业现代化的匹配度，可以为我国金融政策和农业政策的制定提供参考和决策依据。

（1）根据不同地区不同时期金融发展与农业现代化匹配程度的不同，制定不同的金融政策和农业政策，以更好地推动我国农业的转型升级。

（2）通过对金融发展与农业现代化之间的关系和影响路径分析，具体解析金融支持农业现代化的薄弱环节，为金融资本进入农业提供了路径。

1.2 金融发展与农业现代化的作用关系

本书的目的在于分析金融发展与农业现代化的匹配度，研究金融发展与农业现代化匹配的内在机制和路径，并针对提高金融发展水平、完善农村金融体系和创新农业组织形式，促进当前农业由传统农业向现代农业的转型升级给出对策建议。因而，这也确定了本书的主要对象是农业现代化、金融发展，以及二者在现实发展中的相互作用关系。

1.2.1 金融发展的内涵

美国经济学家雷蒙德·W. 戈德史密斯（Goldsmith）开创了金融发展理论的先河，戈德史密斯（1994）认为："金融发展是指金融结构的变化，因此，研究金融发展必须以有关金融结构在短期或长期内变化的信息为基础，这些信息既可以是各个连续时期内的金融交易流量，也可以是不同金融结构的比较。"

麦金农（Mckinnon，1988）认为，发展中国家如果采取低利率的货币政策对经济进行干预，往往会造成"金融压抑"；"任何通过降低银行导向的资本市场的效率，从而加剧'金融压抑'的措施，成本都是极高的，这些措施有可能会使商品和劳务总供给的减少快于总需求的减少，从而挫败稳定价格水平的努力。"

爱德华·肖（Edward Shaw，1988）认为，经济中的金融部门与经济发展息息相关；金融机会会促使被抑制经济摆脱徘徊不前的局面，加速经济的增长；但是，如果金融领域本身被抑制或扭曲的话，它就会阻碍和破坏经济的发展。麦金农和爱德华·肖的金融抑制和金融深化理论标志着金融发展理论的正式形成。

赫尔曼、穆尔多克、斯蒂格利茨（Herma，Murdoch and Stiglitz）于1997年提出金融约束理论，该理论放松了麦金农和爱德华·肖关于金融市场是完全竞争的理论假设，认为金融市场是不完全竞争市场，在满足一定的前提条件，即具有稳定的宏观经济环境、较低的通货膨胀而且通货膨胀是可控的，政府不能向金融部门征收高税收，实际利率必须是正的，政府恰当地实行金融约束政策，可以有效地促进金融深化和经济增长。在发展中国家，由于长期存在的金融抑制，往往导致金融机构组织较为薄弱，金融机构吸储能力差，收益低，金融发展水平较低。如果在没有政府控制的环境下直接实行金融自由化的发展战略，便很难完成由金融压抑到金融自由化的过渡。因此，采取金融约束这一温和的金融发展模式，比上述两种战略更有优势。

莱文（Levine，1999）则从交易成本的角度对金融体系的作用作了全新的解释，他认为由于交易成本与信息成本的存在而产生了市场摩擦，金融中介的作用在于消除这些摩擦，起到融通储蓄、优化资本配置等作用。金融发展包括金融工具的发展、金融市场的发展及金融制度的发展，降低了信息与交易费用，进而影响到了储蓄水平、投资决策技术创新以及长期增长速度。金融体系对经济增长的作用主要体现在风险管理、储蓄聚集、资本配置、公司治理，以及商品和金融合同交易等方面，而最终都是通过"资本积累"和"技术创新"这两条途径来实现，在一个金融不断深化的经济体中，金融体系所能起到的润滑作用将不断地得到增强。

近年来，在国外金融发展理论不断演变的同时，国内的学者也对金融发展的含义展开了研究。韩廷春（2003）认为，金融发展与金融深化对资本积累、技术进步与经济增长具有极其重要的作用，发育良好的金融市场以及畅通无阻的传导机制有利于储蓄的增加以及储蓄向投资的有效转化，进而推动资本积累、技术进步及长期经济增长。谈儒勇（1999）认为，金融发展主要包括金融中介体发展和股票市场发展两个部分。米建国（2002）认为，金融适度发展是经济实现最优增长的必要条件，金融抑制或金融过度均会损害经济增长，在经济发展工业化中后期阶段，经济结构需进一步优化升级，产业结构的升级需以发展高新技术产业为主进行质的改进，亟须金融业做出相应的变革，以满足经济结构优化升级和经济发展对金融服务提出的更高需求。白钦先等（2004）认为，金融功能的扩展与提升即金融演进，金融功能的演进即金融发展，以金融本质演进基础上的金融与经济的互动关系，即金融功能的扩张与提升为其研究的基轴，而以金融效率为其研究的归宿。王广谱（2002）认为，金融结构是指构成金融总体（或总量）的各个组成部分的规模、运作、组成与配合的状态；一般来说，一个国家或地区的金融结构是金融发展过程中由内在机制决定的、自然的、客观的结果或金融发展状况的现实体现，在金融总量或总体发展的同时，金融结构也随之变动。

本书所研究的金融发展指的是包括金融规模、金融结构、金融深度和金融基础在内的金融发展水平的变化。本书主要考察的是在农业现代化的进程中，金融发展水平与农业现代化的匹配程度对农业现代化的影响，以及金融规模、金融结构、金融深度、金融基础等对农业现代化的影响路径，期望能够找到金融资本进入农业的有效路径。

1.2.2　农业现代化的内涵

一般意义上认为，农业现代化是从传统农业向现代农业转型过程中的变化，包括农业的机械化、水利化、化学化、良种化、集约化、标准化、科学化、社会化、专业化、商业化和市场化等。因此，农业现代化过程是一个历史的过程，包括农业的商业化和市场化的转型、现代化农业技术进步、现代生产要素引入和要素优化配置、农业制度创新和完善、农民素质和收入提高等。完成从传统农业向现代农业的转变，包含农业劳动生产率、土地生产率、农业科技进步贡献率和农民收入大幅度提高，现代农业经济体系、社会化服务体系和农业科技体系基本形成，完成农业的机械化、电气化、化学化、商业化和市场化，实现农业基础设施、生产技术和农民素质的现代化等。对于农业现代化的阶段划分有多种方法，梅尔将其分为传统农业、低资本技术农业和高资本技术农业三个阶段；魏茨将其分为自给农业和市场农业两个阶段，其中市场农业又分为多样型农业、专业化农业和自动化农业三个阶段。

综合已有的研究成果和本书的研究目的，本书认为，农业现代化是从传统农业向现代农业的转型过程以及变化，农业现代化指从传统农业向现代农业转变的过程。在这个转变的过程中，传统农业中的传统要素逐渐被现代农业的现代要素所取代，最终发展成为农业现代化的结果：现代农业。因此，厘清传统农业与现代农业的不同特征是深刻理解农业现代化的前提。

狭义的农业指的是种植业，广义的农业指包含种植业、林业、畜牧业、渔业等在内的大农业。根据国家统计局发布的《国民经济行业分类》（GB/T 4754-2011）对三次产业划分的规定，第一产业主要指农、林、牧、渔业（其中不包含农、林、牧、渔服务业）。本书所研究的农业即为国家统计局所定义的大农业：农、林、牧、渔业（其中不包含农、林、牧、渔服务业）。

（1）传统农业。传统农业是在自然经济条件下，采用人力、畜力、手工工具、铁器等为主的手工劳动方式，靠世代积累下来的传统经验发展，以自给自足的自然经济居主导地位的农业，是采用历史上沿袭下来的耕作方法和农业技术的农业。传统农业的生产技术水平长期维持在一个水平不变，农业生产过程中对各种生产要素的需求也维持长期不变，传统的生产要素的需求和供给长期处于均衡状态。传统的生产要素主要包括土地、劳动力和资本，其中，资本的投入主要局限于对化肥、农药、种子等基本农资产品的购买。

舒尔茨（Schultz）认为，传统农业在其可配置资源方面是很有效率的："因为农民已经用尽了自己所支配的技术状态的有利的生产可能性"，在发展中国家，农民贫穷的主要原因是传统农业的低收益率；发展中国家的传统农业生产效率虽然很低，但是有效率的，只是无法通过现有资源的配置来提高农业生产效率，在这样的情况下，想要提高农业生产，把传统农业改造成为现代农业，就要引入新的生产要素（舒尔茨，2016）。梅尔（Mellor，1988）认为，在传统农业阶段，土地和劳动力是两种主要投入，资本的数量很不重要。

（2）现代农业。亚当·斯密（Adam Smith，1972）认为，一个国家的资本投在农业上的比例越大，它所推动的生产性劳动量就越大，运用这笔资本所增加在土地和劳动力等产品上的价值也越大。萨伊（Say，1963）的观点与亚当·斯密的观点相同，认为对于整个国家来说，在土地上投资对国家而言是有利的。李嘉图（Ricardo，1962）认为，资本积累是经济增长的基本源泉，通过提高资本投入效率可以增加产品数量，即将资本用于增进土地生产力，改良农用机械等；假定生产力和技术水平不变，在土地供给无弹性下的劳动力和资本收益率越来越小，必然会制约发展，如果将资本投入用于生产要素方面，通过改良农用耕作机械和技术等可以提高农业产出的增长。梅尔（1988）探讨了如何通过农业发展来促进低收入国家更高的生活水平和更快的经济增长，将农业发展阶段分为技术停滞阶段、劳动密集型技术进步阶段和资本密集性技术进步阶段；现代农业属于资本密集性技术进步阶段，转变农业增长方式主要是依靠现代非农业部门的发展来实现，要提高农业的生产率和农业产出就应该增加资本等稀缺资源的投入。这样，在满足人类最基本的生存需要的基础上，农业还可以为经济增长做出更大的贡献（舒尔茨，2016）。因此，现代农业的发展离不开金融的作用。

中国 2006 年中央"一号文件",首次提出了现代农业(中共中央国务院,2016),2007 年中央"一号文件"明确指出要走中国特色的现代农业的发展道路(中共中央国务院,2017),随后至 2017 年的中央"一号文件"都对如何建设现代农业,加快现代农业发展提出了具体的要求和明确部署。黄祖辉、林本喜(2009)认为,现代农业直观的标准就是要有较高的土地产出率、资源利用率和劳动生产率,即较高的资源利用效率。柯炳生(2007)用高度概括的语言,把现代农业概括为高投入、高产出的农业形态。张晓山(2007)认为,现代农业是处于一定时期和一定范围内具有现代先进水平的农业形态,是拥有现代工业力量装备的、用现代科学技术武装的、以现代管理理论和方法经营的、生产效率达到现代先进水平的农业。孔祥智、李圣军(2007)把现代农业定义为充分利用现代生产要素的农业,尤其是利用现代科学技术的农业,是农业生产商品化、专业化、产业化、社会化程度不断提高的农业,是农民组织化程度不断提高的农业,是资源节约型、环境友好型的可持续发展的农业,同时也是政府公共财政补贴的农业。周应恒(2012)在研究了世界各国现代农业的发展实践和其他学者的相关研究成果后,将现代农业定义为按照现代产业的理念、以产业关联关系为基础、以科技为支撑、以现代农业产业为纽带的横跨第一、第二、第三产业并可持续发展的包括农业产前、产中、产后环节的有机系统。

本书在综合国内外各位学者对现代农业内涵界定的基础上,根据本书的研究方向和角度,认为现代农业是金融发展与农业高度融合和完美匹配的农业阶段,是以金融为纽带组织、管理农业生产,运用现代科学技术方法、装备,实现农业生产专业化、标准化、规模化的现代生产模式。以金融为纽带是指以金融信贷、农产品期货市场、保险制度、信用评价体系,推动农业生产向专业化、标准化、规模化发展。

1.2.3 金融发展与农业现代化的关系

本书中所指的匹配度主要是金融发展水平与农业现代化水平的匹配程度,即在农业现代化进程中,金融规模的扩大、金融结构的调整、金融深度的延伸、金融基础的建设等对农业现代化需要的满足程度和贡献作用。"匹配"一词来源于范德文（Van de Ven，1979）所提出的种群生态模型和传统的权变理论，目前该理论已应用于社会科学多个领域；迈尔斯和斯诺（Miles and Snow，1994）则认为，在组织理论和战略管理领域，"匹配"已经取代"权变"而成为核心的概念；多蒂等（Doty et al.，1993）提出了结构理论所主张的复杂匹配，强调了在不同的环境和情境下的多维度的组织设计匹配。

在农业现代化的进程中，要实现传统农业到现代农业的跨越，离不开金融的作用。因此，金融发展与农业现代化的关系是本书的一个主要研究对象。根据帕特里克（Patrick，1966）假说，在发展中国家存在着金融发展的"供给导向"（Supply-leading）模式和"需求跟随"（Demand-following）模式相互作用的现象：在经济发展的早期，金融的供给引发创新型投资，"供给导向"居于主导地位；随着实际增长过程的出现，"需求跟随"模式将成为主导。帕特里克认为这也发生在某个特定的产业内部或产业之间，因此这个过程同样发生在农业。最初，通过金融机构的扩张与金融服务的供给来促进农业的发展，金融发挥了"供给导向"的作用；随着农业现代化进程的深入，使其融资转向需求依赖，金融则处于"需求跟随"地位，即农业现代化诱致金融发展。因此，金融发展与农业现代化之间存在着相互作用的关系，只有当金融发展水平与农业现代化进程相适应时，才能够加速农业现代化的进程。农业在其发展的不同阶段，离不开与金融的相互作用，是金融发展与农业现代化相互匹配的过程。

理论分析上金融发展与农业现代化的关系，从生产要素投入的角度，农业受到各传统的投入生产要素土地、劳动力、资本的影响，在农业现代化进程中，金融逐渐成为一个重要的生产要素，对农业有着重要的影响。金融发展与农业现代化之间存在着相互作用的关系，只有当金融发展水平能够与农业现代化进程相适应时，才能够加速农业现代化的进程。农业发展水平与土地、劳动力、资本与金融发展之间的关系可以用公式（1-1）来表示：

$$AGRI = f(LAND, LABO, CAPI, FINA) \qquad (1-1)$$

式（1-1）中，AGRI 表示农业现代化水平，LAND 表示土地要素的投入水平，LABO 表示劳动力要素的投入水平，CAPI 表示资本要素的投入水平，FINA 表示金融发展水平。

假设，在一定时期内，在土地、劳动力和资本等要素投入不变的情况下，一个国家或地区的金融发展水平与农业现代化水平之间存在着相互依存关系，即在此假设条件下，金融发展水平与农业现代化水平之间的关系可以用公式（1－2）来表示：

$$AGRI = f(FINA) \qquad (1-2)$$

式（1－2）中，AGRI 表示农业现代化水平，FINA 表示金融发展水平。那么，农业现代化水平的变化对金融发展水平变化的反应程度则用公式（1－3）表示：

$$e_{AF} = \frac{\Delta AGRI / AGRI}{\Delta FINA / FINA} \qquad (1-3)$$

式（1－3）中，$\Delta AGRI$ 表示农业现代化水平的变化程度，$\Delta FINA$ 表示金融发展水平的变化程度，AGRI 表示农业现代化水平，FINA 表示金融发展水平。e_{AF} 表示在一定时期内，一个国家或地区农业现代化水平的变动对于金融发展水平变动的反应程度，或者表示在一定时期内，一个国家或地区由于金融发展这一要素每变化一个百分数所引起的农业现代化水平变化的百分数，即为农业现代化的金融发展弹性系数，简称为 A－F 弹性系数。

图1－1描述了金融发展水平与农业现代化水平的作用关系。横轴代表金融发展水平，纵轴代表农业现代化水平，S 为农业现代化的长期发展曲线。从原点出发向农业现代化的长期发展曲线 S 引切线与其相交于 B 点。以 B 点向横轴引垂线 MN，与横轴相交于 N 点。E 点为农业现代化的长期发展曲线 S 的制高点，由 E 点向横轴引垂线 EF，与横轴相交于 F 点。

B 点表示，在一定时期内，农业现代化水平的变动对于金融发展水平变动的反应程度是相同的，即在 B 点的 A－F 弹性系数为1，满足如下条件：

$$e_{AF} = \frac{\Delta AGRI / AGRI}{\Delta FINA / FINA} = 1 \qquad (1-4)$$

根据农业现代化水平的变动对于金融发展水平变动的反应程度的不同，

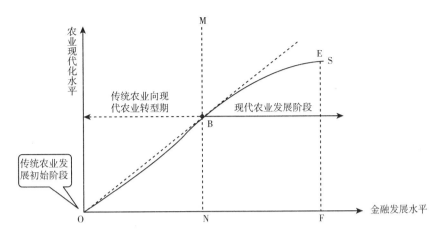

图 1-1　金融发展水平对农业现代化水平的作用关系

可以对农业发展的阶段进行划分，分为传统农业发展初始阶段、传统农业向现代农业转型期和现代农业发展阶段。

（1）传统农业发展初始阶段。图 1-1 中的原点 O 代表传统农业的发展阶段。在传统农业的发展阶段，农业的发展水平对金融发展水平的变化反应不敏感，在该阶段满足公式（1-5）：

$$0 < e_{AF} = \frac{\Delta AGRI / AGRI}{\Delta FINA / FINA} \leqslant 1 \qquad (1-5)$$

在传统农业发展的初始阶段，对资本的需求仅限于农业生产中在购买种子、化肥时的简单投入，农业科学技术水平低，对金融的依赖度很低。此时，农业现代化水平较低，制约农业发展的主要因素为农业生产关系、制度技术约束、农业生产经营方式等，对金融的需求不高，金融并非农业发展的主要制约因素。例如在家庭联产承包责任制之前，我国的农业生产力水平低下，主要原因是当时的农业生产关系没有适应农业生产力发展，缺乏农民生产经营的激励机制，在当时的情况下，较高的金融发展水平也很难有效地促进农业现代化的进程。

因此，在传统农业发展的初始阶段，金融发展水平与农业现代化水平的匹配程度对农业的发展水平没有显著的影响。传统农业与金融发展像是两条平行线，二者几乎没有交叉点，更谈不上匹配度，此时金融发展水平的提高对农业的贡献很少。

（2）传统农业向现代农业转型期。从上述金融发展与农业现代化相互关系的分析以及图1-1中所反映出来的金融发展的投入与农业现代化产出之间的变动规律。先假设其他生产要素的投入保持不变，随着金融发展水平的提高对农业的贡献增大，使金融发展的边际效用增加，此时，金融发展的边际效用处于递增阶段，农业现代化的水平随着金融发展水平的提高而提高。当金融发展水平为N点时，农业现代化的各投入要素的比例达到最佳，金融发展的边际效用达到最大，在该阶段满足公式（1-6）：

$$e_{AF} = \frac{\Delta AGRI / AGRI}{\Delta FINA / FINA} > 1 \qquad (1-6)$$

MN即为原始农业和现代农业的分隔线，原点到MN的左端的这一区间（见图1-1）即为传统农业向现代农业的转型期。当传统农业发展到一定阶段，处于传统农业向现代农业的转型期时，为了实现以金融为纽带组织、管理农业生产，运用现代科学技术方法和装备，实现农业生产专业化、标准化、规模化的现代农业生产模式，农业生产经营过程中对金融的需求旺盛。金融成为农业现代化的重要影响因素，农业现代化水平的变动对金融发展水平的变动反应敏感，金融发展水平的提高，会产生较为明显的农业产出，对农业生产力的提高影响比较显著，能够有效地推动农业现代化水平的提高。此时，金融发展水平与农业现代化水平的匹配程度对农业现代化进程有着重要的影响。当金融发展与农业现代化匹配时，金融发展便会促进农业现代化水平的提高；当金融发展与农业现代化不匹配时，金融发展便会显著地制约农业现代化的进程。

在传统农业向现代农业转型期，金融对农业的作用主要体现为"供给导向"，它提供了一个以金融为手段诱发农业发展的机会，同时也是农业自主发展的先决条件。"供给导向"的金融体系最初可能无法通过向农业部门提供资本而有利可图，政府机构可以通过补贴等转移支付的方式进行再分配，以鼓励金融机构将其资本投向农业这一基础产业，以鼓励和刺激金融将资源转移到农业上来，支持农业发展。

（3）现代农业发展阶段。现代农业是农业发展的高级形式，是高度金融化农业。在现代农业发展阶段，农业科技水平高，社会化程度和对金融的依赖程度都很高。当金融发展水平继续提高，超过 N 点时，由于其他投入要素固定不变，随着金融发展这一可变投入对农业的贡献不断提高，金融发展的边际效用递减。此时农业现代化水平会继续提高，但是以递减的比率上升。当金融发展水平达到 F 点时，金融发展的边际效用为 0，MN 到 EF 这一阶段满足公式（1 - 7）：

$$0 < e_{AF} = \frac{\Delta AGRI / AGRI}{\Delta FINA / FINA} < 1 \qquad (1-7)$$

MN 的右端到这一区间（见图 1 - 1）即为现代农业发展阶段。但是当金融发展水平较高，超过一定值后，金融发展变化的百分率大于农业现代化变化的百分率时，金融发展对农业现代化的影响将会趋于饱和状态，金融发展充分发挥了对农业现代化的促进作用；此后，金融发展水平的提高所带来的农业现代化水平的提高呈递减趋势，金融发展水平的变化对农业现代化水平的变化影响会逐渐变小，在边际效用递减的作用下，金融发展对农业现代化的促进程度逐渐降低。

在现代农业发展阶段，金融与现代农业高度融合，匹配程度最高，金融如血液一样贯穿于现代农业产前、产中、产后的全过程。此时，金融在农业发展中是"需求跟随"模式，基本上是为了满足农业的发展而被动满足农业需求，随着农业对金融需求的增加，金融服务的供应量会自动地、灵活地变化。罗宾逊（Robinson，1952）认为，这是通过对农业发展所引致的新增金融服务需求来产生影响，金融附属于农业，农业带动了金融的发展，更多种类的金融服务和不断增长的金融机构为农业提供服务。

1.3 本书的主要内容及结构

本书的主要研究内容包括：先对国内外金融发展与农业现代化的研究现

状进行回顾，分析中国金融发展和农业现代化的实践；在构建金融发展评价指标体系和农业现代化评价指标体系并进行综合评价的基础上，动态分析金融发展和农业现代化的关系；构建金融发展与农业现代化的匹配模型，实证分析中国东部、中部和西部及 31 个省份金融发展与农业现代化的匹配程度；利用结构方程模型（SEM）分析金融发展与农业现代化的匹配路径选择；对于突破农业现代化的金融"瓶颈"提出对策建议。

　　本书围绕着突破中国农业现代化的金融"瓶颈"这一议题，以金融发展与农业现代化的匹配度为切入点，对金融发展与农业现代化的匹配路径选择做了深入的分析，共包括 9 章。第 1 章为绪论。第 2 章是本书的理论基础，该部分详细叙述了国内外金融发展与农业现代化的研究现状，对金融发展指标体系和农业现代指标体系的研究方法进行了归纳总结，为本书的实证分析提供理论依据。第 3 章回顾了中国的金融发展与农业现代化的发展历程。第 4 章构建了金融发展评价指标体系和农业现代化评价指标体系，并对中国 31 个省份的金融发展水平和农业现代化水平进行综合评价，为本书模型的建立提供数据基础。第 5 章对金融发展与农业现代化的动态关系进行分析。第 6 章构建金融发展与农业现代化的匹配度模型，以中国 31 个省份为研究对象，利用 2009～2015 年 31 个省份的面板数据，分析中国东部、中部和西部及 31 个省份金融发展与农业现代化的匹配程度。第 7 章的主要工作是利用结构方程模型（SEM），分析金融发展与农业现代化的匹配路径。第 8 章对于如何提高金融发展与农业现代化的匹配度，突破我国农业现代化的金融"瓶颈"提出了对策建议。第 9 章对本书的结论做了总结，指出了本书中的不足，展望了未来的研究方向。

1.4　本书的研究方法和研究思路

1.4.1　研究方法

　　根据本书的框架，系统地搜集有关金融发展和农业现代化的数据资料。

综合运用历史法、观察法等方法，以及谈话、实地调研等方式，在实地调研中重点对农业主管的政府部门、各金融机构、各个农业经营主体等进行访谈。

本书自始至终将规范分析与实证分析有机结合在一起。规范分析主要是根据经金融发展和农业现代化不同发展阶段的特征的相互作用关系，对金融发展与农业现代化的匹配度提出理论假设。实证分析的目的是对理论假设进行验证，在构建金融发展评价指标体系和农业现代化评价指标体系并进行综合评价的基础上，采用了多种实证分析交叉结合：

（1）运用面板 VAR 模型，动态分析影响金融发展和农业现代化的作用关系。

（2）构建金融发展与我国农业现代化的匹配模型，运用描述性统计分析方法，分析中国东部、中部和西部地区及 31 个省份金融发展与农业现代化的匹配程度。

（3）利用结构方程模型（SEM）分析金融发展与农业现代化的匹配路径。

通过对中国东部、中部和西部以及 31 个省份 2009~2015 年的金融发展与农业现代化匹配程度，纵向比较不同时期，中国不同地区、不同省份的金融发展与农业现代化的匹配程度；横向比较中国东部、中部、西部地区及 31 个省份的金融发展与农业现代化的匹配程度，运用系统科学的方法总结分析出东部、中部、西部地区及 31 个省份的区域特征，并对原因进行分析。最后凝练为针对中国不同区域的具备科学性、系统性的理论观点并加以实践。

1.4.2　研究思路

紧紧围绕金融发展与农业现代化之间的作用关系，本书探讨金融发展与农业现代化的匹配度对农业现代化的影响。具体来说，本书重点解决以下三个关键问题：金融发展水平是否对农业现代化有影响？金融发展和农业现代化的匹配程度与农业现代化的进程之间有着怎样的关系？金融发展与农业现代化之间的匹配路径是什么？遵循以上三个问题，本书的具体技术路线如图 1-2 所示。

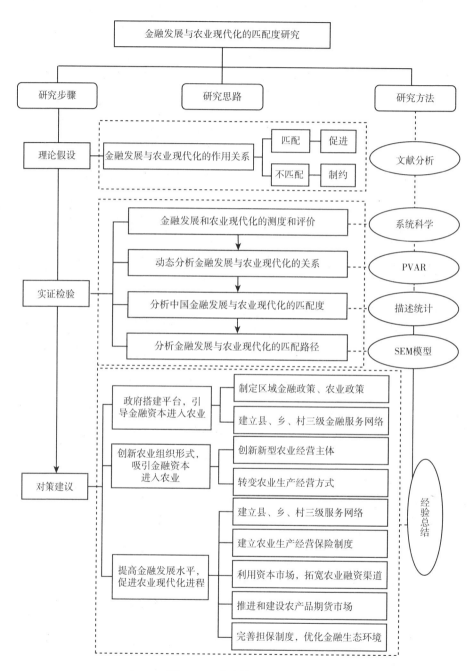

图 1－2　本书的技术路线

（1）理论假设。金融发展与农业现代化存在着相互作用的关系。在传统农业发展阶段，农业现代化水平较低，农业发展的金融需求较小，金融发展水平与传统农业匹配与否，对农业现代化的推动作用并不显著。在传统农业向现代农业转型期，对金融的需求越来越旺盛，金融发展与农业现代化的匹配与否，决定了是促进还是制约农业现代化的进程。但是随着金融发展水平的逐渐提高，农业发展跨越到现代农业发展阶段，金融发展水平对现代农业的影响程度会逐渐趋于饱和，呈边际效用递减。

（2）实证检验。本部分通过构建金融发展评价指标体系和农业现代化评价指标体系，实证检验金融发展与农业现代化作用关系的理论假设。

构建面板 VAR 模型，动态分析影响金融发展和农业现代化的作用关系。利用中国 31 个省份 2009～2015 年的面板数据，选取土地、劳动力、资本和金融发展作为对农业现代化的影响因素，构建 PVAR 模型，验证金融发展与农业现代化之间的相关关系。

分析金融发展与我国农业现代化的匹配度。首先理论上分析了金融发展与农业现代化匹配度的界定，然后利用中国 31 个省份的 2009～2015 年的面板数据，计算中国各省份金融发展和农业现代化的综合指数，建立金融发展—农业现代化匹配度模型，实证分析比较中国东、中、西部地区及 31 个省份的金融发展和农业现代化的匹配程度。

利用结构方程模型（SEM）分析金融发展与农业现代化的匹配路径选择。利用中国 31 个省份的 2009～2015 年的数据，建立金融发展和农业现代化的测量方程，构建 FINA-AGRI 结构方程模型，实证分析金融发展与我国农业现代化的作用关系和影响路径。

（3）启示及对策建议。通过深入分析金融发展与农业现代化之间的匹配度，认为政府搭建平台引导金融资本进入农业、创新农业组织形式以吸引金融资本进入农业、提高金融发展水平以促进农业现代化进程是提高金融发展与农业现代化的匹配度，实现金融支持与现代农业发展无缝对接、金融资本与现代农业共进双赢的有效途径。

（4）研究结论。本书认为，我国当前处于传统农业向现代农业转型期，金融发展与农业现代化匹配度较低，金融规模和金融深度对农业发展影响显著，金融结构对农业影响不显著；地区发展不均衡，东部地区 F－A 匹配指数较高，中部地区 F－A 匹配指数较低，西部地区不匹配。

1.5 创 新 点

本书在金融发展与农业现代化匹配度问题的研究中进行了以下三个方面的创新：

（1）通过从理论假设到实证检验，对金融发展与农业现代化之间的复杂关系进行了系统分析，不再局限于以往仅从涉农金融角度研究金融对农业的影响，而是看到了金融发展对农业现代化进程的整体性影响。

（2）以金融发展与农业现代化的匹配度为切入点，以中国 31 个省份为研究对象，比较了东部、中部和西部地区的金融发展与农业现代化之间的匹配度。研究结论表明，处于不同的农业发展阶段，不同的匹配程度对农业现代化进程的影响程度不同；中国当前金融发展与农业现代化地区发展不均衡，东部地区 F－A 匹配指数较高，中部地区 F－A 匹配指数较低，西部地区金融发展与农业现代化不匹配。

（3）本书综合运用多种实证方法，构建了金融发展与农业现代化的匹配度模型（F－A 模型），分析金融发展与农业现代化之间的匹配度；构建了金融发展与农业现代化（FINA-AGRI）结构方程模型（SEM），实证分析金融发展与我国农业现代化的匹配路径选择。结论表明，中国当前金融发展与农业现代化匹配度较低，金融规模和金融深度对农业发展影响显著，金融结构对农业影响不显著。为深入分析金融发展与农业现代化之间的匹配路径选择提供了分析工具。

第2章
理论基础与文献回顾

金融发展理论和农业现代化理论以及二者之间的关系为基于金融发展与农业现代化的匹配度视角研究突破农业现代化的金融"瓶颈"提供了理论基础和依据，本章主要是对以上的理论和相关的研究进行回顾，主要目的是为本书实证分析的展开提供充分的理论基础。

2.1 理论基础

理论基础主要分为三部分，即金融发展理论、农业现代化理论以及金融发展与农业现代化关系的理论分析。

2.1.1 金融发展理论

自从作为金融发展理论的鼻祖雷蒙德·W. 戈德史密斯于1969年出版《金融结构与金融发展》以来，金融发展理论经历了金融结构理论、金融抑制论、金融深化论、金融约束论、内生金融发展理论等阶段。

（1）戈德史密斯的金融结构理论。20世纪70年代，作为比较经济学的一个分支，比较金融学逐渐兴起。美国经济学家雷蒙德·W. 戈德史密斯于1969年出版的《金融结构与金融发展》既是对比较金融学这一领域的初步尝试，又开创了金融发展理论的先河。戈德史密斯利用翔实的资料，将定量分析与定性分析紧密结合，运用比较研究方法，详细阐述了金融结构、金融发展与经济增长的关系，他认为："金融理论的职责就在于找出决定一国金融结构、金融工具存量和金融交易流量的主要经济因素，并阐明这些因素怎样通过互相作用而促成金融发展"（戈德史密斯，1994）。

戈德史密斯认为，金融结构即各种金融工具和金融机构的相对规模，随时间的变化其方式在各国也不尽相同，这些差异反映在不同的金融工具及金融机构相继出现的次序、它们的相对增长速度、对不同经济部门的渗透程度以及对一国经济结构变化的适应速度和特点等方面。从金融上层结构、金融交易以及国民财富、国民产值基础结构两方面在数量规模和质量特点的变化中，我们就可以看出各国金融发展的差异（戈德史密斯，1994）。并依据金融机构的特点对金融结构的类型进行了划分。

金融工具是对其他经济单位的债权凭证和所有权凭证。直到公元前2000年，才在中东和近东等少数地区出现了可以在市场上交换的金融工具。金融工具包括符号货币、汇票、应收应付账款、银行存款、金融机构发放的贷款、人身保险和养老金契约、抵押贷款、政府和公司债券以及公司股票等。戈德史密斯认为："金融机构的特点就在于其资产不仅偶然地，而且习惯地主要由金融工具所组成，其业务活动集中于金融工具的持有和交易，从而其主要收入也来源于此。"对金融机构分类的依据为：一是金融机构持有和发行何种金融工具以及每种金融工具所占的比重；二是金融机构从事何种金融活动以及每种金融活动所占的比重（戈德史密斯，1994）。金融机构包括发行和存款银行、储蓄银行、抵押银行和保险公司。

（2）金融抑制和金融深化理论。麦金农的金融抑制理论。麦金农（1988）认为，19世纪和20世纪初在发展中国家存在着分割的经济，即土地、劳动力、资本、技术都是分割的；分割经济的表现形式之一是小作坊与现代化的生产企业并存，虽然他们生产相同的产品，但是从各生产要素的投入到技术水平都有很大的差异；另一种表现形式是在城市和农村大量失业存在的同时，农场和工厂在推进机械化，一方面面临着资本匮乏，另一方面却是大量的工厂和设备的闲置。米哈斯（1970）则认为，在农村，土地存在着分割性，把土地划为小块儿的所有形式，使土地细碎化，往往很难推动农业的改良。大卫·特纳姆和英格里斯·杰格（1971）认为，人力资本的增长和使用上的分割性更为明显，"有组织经济中的劳动力培训和岗位训练，只限于范围狭窄的城市飞地——过去纯粹从事出口，现在逐步增加了现代制造业的引进——在那里，就业的增长往往低于总人口的增长"。发展中国家如果采取低利率的货币政策对经济进行干预，往往会造成"金融抑制"。提高银行的贷款效率，是扩大货币体系实际规模和缓和金融抑制的一个必要条件；当银行未能够从有特权的借款人那里赚取较高的均衡收益时，反映为向存款人支付了过低的利率；如果通胀率过高，则实际的存款利率很可能成为负数。由于银行低估了这一稀缺资本的价值，因此储蓄者便会减少货币和准货币的持有量，使其大大低于社会最优水平，以回应过低的收益率。在发达国家，资本市场可以有效地调节市场，从而使实物资产和金融资产的收益趋于相等，这样通过对资本存量的调整，可以大大地加大平均收益（麦金农，1988）。在发展中国家，由于资金不足，会成为对国家的有效资本进行有效分配的障碍。约翰逊（Harry G. Johnson）指出，在新兴产业成熟之前，一个适当的资本市场可以为尚未盈利的年份（或月份）提供资金①。在一个更优化、资本市场能有效地行使功能的环境中，收入再分配能使未来的收入和生产机会均等，而不会发生这种效益损失。

爱德华·S. 肖的金融深化理论。爱德华·S. 肖于 1973 年出版的《经济发展中的金融深化》一书是金融深化的经典著作。关于金融抑制，肖与麦金农持有相同的观点，认为在欠发达国家存在着金融抑制，并对金融抑制的起源和背景进行了详细的分析，其主要观点为："经济中的金融部门与经济发展息息相关。金融抑制会促使被抑制经济摆脱徘徊不前的局面，加速经济增长，如果金融领域本身被抑制或扭曲的话，那么，它就会阻碍和破坏经济的发展。"该书系统地分析了金融发展与经济增长的关系，对此进行了开创性的研究，爱德华·S. 肖提倡金融自由化的金融发展战略，认为金融自由化的发展

---

① ［美］哈雷·G. 约翰逊. 存在国内扭曲时的最佳贸易干预［A］. 罗伯特·E. 鲍德温等. 贸易、增长和国际收支——纪念哥特弗莱德·哈伯勒论文集［M］. 芝加哥：兰德·麦克纳利出版公司，1965：3 – 34.

战略可以促进金融深化，消除金融抑制，从而对经济增长起到促进作用。金融深化意指金融职能和金融机构的专业化，以及相对于外汇市场和场外非法市场而言，有组织的国内金融机构和金融市场会获得收益。在爱德华·S. 肖看来，"从金融在市场、价格、机构等方面和政策等方面对其他部门的影响程度看，金融部门是独一无二的。货币是唯一能通过其他商品进行交易的商品。利率是与经济决策最密切相关的经济决策"（爱德华·肖，1988）。

在爱德华·S. 肖以前，传统的经济理论往往都忽视了金融部门在经济发展中的重要作用。事实上伴随着货币和信用的产生，金融贯穿于经济发展的全过程。戈德史密斯为金融发展理论开了先河，但在《金融结构与金融发展》中并未详尽地论述金融发展与经济发展相关的作用关系，爱德华·S. 肖第一次在理论中将金融发展和经济发展紧密地结合在一起，并认为金融的发展与经济的发展息息相关，当存在金融抑制时，便会阻碍经济的发展，当消除金融抑制以后，便会促进经济的发展，但是麦金农和爱德华·S. 肖的理论框架依然将经济分为金融部门和实体部门，虽然重视了货币在金融集聚中的作用，却忽视了金融通过信息生产对资源实现有效配置的功能（麦金农，1989）。在金融深化理论中，金融发展只是影响了资本的形成，不影响全要素生产力从而削弱了金融发展理论的价值。在此之后，卡普尔和马西森等在麦金农和肖的理论框架下对模型进行了检验并对局部理论进行了扩展，麦金农（1989）从金融自由化与经济增长的视角，评估了亚洲和拉丁美洲的利率政策对经济增长的影响。

新古典经济学派和凯恩斯学派认为，货币与实物资本是相互竞争的，在欠发达国家不适合。在政策主张上凯恩斯所主张的采取低利率的政策刺激投资，认为货币对经济是有作用的，实体经济是离不开货币的；货币政策可以通过改变利率来影响一定区域内的投资和有效需求，进而对区域内的产出和就业产生重要的影响（凯恩斯，1990）。弗里德曼于1956年发表《货币数量论——一种重新表述》一文，对传统的货币数量说作了新的论述，为货币主义奠定了理论基础。货币学派主张通过控制货币存量的方法制定货币政策。而爱德华·S. 肖既不赞同凯恩斯学派的观点，也不赞同货币学派的观点，主张通过金融自由化的发展战略，提高利率，在增加货币需求的同时，扩大投资规模，优化投资分配，从而使经济稳定、持续增长，除此之外，还提出了财政、外贸政策配套改革的一系列建议，要求尽量减少人为干预，发挥市场的调节作用（王曙光，2010）。

金融发展与金融深化对资本积累与经济增长具有极其重要的作用，发育良好的金融市场以及畅通无阻的传导机制有利于储蓄的增加以及储蓄向投资的有效转化，进而推动资本积累、技术进步及长期经济增长（米军等，2012）。20 世纪 80 年代中期，在众多发展中国家，金融抑制和金融深化理论所强调的金融自由化的思想取代了曾经占统治地位的中央集权和计划经济的思想。在实践中，一些发展中国家如阿根廷、韩国和马来西亚等，金融自由化和金融深化的发展战略获得了成功，促进了这些国家的经济发展，而在另一些国家却遭受了失败。1991 年，麦金农（1993）出版了《经济自由化的顺序：向市场经济转型中的金融控制》一书，书中主张在由高度集中的计划经济向经济自由化的市场经济过渡的阶段，政府应该采取有效的财政政策和货币政策，这样才能够逐步废除原有的过多的干预性政策。

（3）金融约束理论。金融约束理论不同于金融抑制，在金融抑制下，政府通过实施低利率甚至是负利率的政策，与民争利，而金融约束政策使政府通过对利率的控制，在民间创造财富。托玛斯·赫尔曼、凯文·穆尔多克、约瑟夫·斯蒂格利茨于 1997 年提出金融约束理论，该理论放松了麦金农和爱德华·S. 肖关于金融市场是完全竞争的理论假设，认为金融市场是不完全竞争市场，满足一定的前提条件，即具有稳定的宏观经济环境、较低的通货膨胀而且通货膨胀是可控的，政府不能向金融部门征收高税收，实际利率必须是正的。政府恰当地实行金融约束政策，可以有效地促进金融深化和经济增长。赫尔曼、穆尔多克和斯蒂格利茨（Herma, Murdoch and Stiglitz, 1997）认为，在发展中国家，由于长期存在的金融抑制，往往导致金融机构组织较为薄弱，金融机构吸储能力差，收益低，金融发展水平较低。如果在没有政府控制的环境下直接实行金融自由化的发展战略，便很难完成由金融抑制到金融自由化的过渡。因此，采取金融约束这一温和的金融发展模式，比上述两种战略更有优势。

（4）内生金融发展理论。20 世纪 80 年代，戴蒙德和迪布韦格（Diamond

and Dybvig，1983）、格林伍德和约万诺维奇（Greenwood and Jovanovic，1990）、本西文加和史密斯（Bencivenga and Smith，1991）、莱文（Levine，1997）等在"内生增长理论"的影响下提出了"内生金融增长理论"。该理论强调，金融发展只有通过促进技术进步及生产率的提高才能有效地刺激经济增长，并认为金融发展的核心是金融功能的充分发挥。

戴蒙德和迪布韦格（1983）建立了 Diamond-Dybvig 模型，该模型从博弈论均衡的角度论证了存款保险、银行挤兑和流动性创造之间的关系，从而为加强金融监管，防范金融风险提供了政策依据和建议。银行作为经营信用和管理风险的机构，一旦出现挤兑，银行将会无法应对。因此，以政府或中央银行的信用为担保所建立的存款保险制度，可以有效地防止出现银行挤兑，但是另一方面，存款保险制度可能会导致道德风险，会使得储户不再审慎地选择自己存款的银行，也会使银行失去谨慎放贷的积极性。

格林伍德和约万诺维奇（1990）、本西文加和史密斯（1991）都把金融中介作为内生影响因素引入内生经济增长模型，开创了金融发展内生化。格林伍德和约万诺维奇（1990）把金融中介作为经济增长的内生因素，利用相关信息对企业家和项目进行识别，从而保证了较高的投资回报率。另外，随着经济的不断增长，同样推动着金融机构不断地去从事金融中介活动。因此，金融发展与经济增长是相互促进的。本西文加和史密斯（1991）在 Diamond-Dybvig 模型的基础上，构建了内生金融增长模型，从微观的单个投资者所面临的流动性风险角度分析了金融中介所面临的资源配置效应和经济增长效应，并且证明了金融中介可以有效降低在资源配置中所造成的流动性风险。

莱文（1997）则从交易成本的角度对金融体系的作用作了全新的解释，认为由于交易成本与信息成本的存在而产生了市场摩擦，金融中介的作用在于消除这些摩擦，起到融通储蓄、优化资本配置等作用；金融发展包括金融工具的发展、金融市场的发展及金融制度的发展，降低了信息与交易费用，进而影响到了储蓄水平、投资决策技术创新以及长期增长速度；金融体系对经济增长的作用主要体现在风险管理、储蓄聚集、资本配置、公司治理以及商品和金融合同交易等方面，而最终都是通过"资本积累"和"技术创新"

这两条途径来实现的，在一个金融不断深化的经济体中，金融体系所能起到的润滑作用将不断地得到增强。

2.1.2 农业现代化理论

2.1.2.1 梅尔的农业发展阶段理论

梅尔探讨了如何通过农业发展来促进低收入国家生活水平的提高和经济的更快增长。梅尔于 1966 年提出了农业发展阶段理论，将农业发展阶段分为三个阶段：传统农业阶段、低资本技术农业阶段和高资本技术农业阶段（梅尔，1988）。其中，传统农业阶段是以技术停滞、生产的增长、主要依靠传统投入为特征的。在这个阶段，农业的发展基本上是静态的，农业经济的增长取决于对传统要素投入的同比例增加。低资本技术农业阶段是以技术的稳定发展和运用、资本使用量较少为特征的。在这个阶段，农业是国民经济中最大的部门，劳动力充沛而资本稀缺其最主要的特点，因此，该阶段农业发展主要依赖劳动使用型或资本节约型的技术创新，以提高土地生产率。高资本技术农业阶段是以技术的高度发展和运用、资本集约使用为特征的。在这个阶段，农业在国民经济各个部门中所占的比例不断下降，规模化、产业化趋势逐渐显现，劳动力成本逐渐上升，劳动节约型的机械和其他资本密集型技术不断被创造和发明出来，因此该阶段的主要特点是资本逐渐替代劳动（梅尔，1988）。按照梅尔对农业发展阶段的划分，中国已经从低资本技术农业阶段跨越为高资本技术农业阶段，因此，对农业的资本投入成为农业发展的关键。

2.1.2.2 舒尔茨的改造传统农业理论

舒尔茨认为："传统农业应该被作为一种特殊类型的经济均衡状态"，而这种均衡状态的主要特点为：一是技术水平在长期内大致保持不变，也就是说，传统农业所使用的生产要素与技术长期未发生变动；二是如果把生产要素作为收入的来源，那么获得与持有这种生产要素的动机也是长期不变的，即人们没有增加传统生产要素的动力；三是由于以上两个原因，传统生产要素的供给和需求也处于长期均衡状态。因此，舒尔茨认为，传统农业实际上是一种生产方式长期没有发生变动，基本维持简单再生产、长期停滞的小农经济，投资收益率低下是传统农业停滞落后、不能成为经济增长源泉的原因；改造传统农业的关键是要引进新的现代农业生产要素，这些要素可以提高农业的投资收益率，从而使农业成为经济增长的源泉；引进新生产要素的关键是技术变化，通过建立一套适用于传统农业改造的制度、从供给和需求两方面为引进现代生产要素创造条件和对农民进行人力资本投资可以促进对新的现代生产要素的引进（舒尔茨，2016）。

2.1.2.3 速水佑次郎的"诱导创新"理论

日本著名经济学家速水佑次郎和美国经济学家弗农·拉坦在深入研究亚洲农村发展和技术变革的基础上，于1971年提出了以农业技术和制度变迁理论为基础的农业发展理论。1985年，他们又进一步提出了一个完整的农业发展模型，即在任何一个经济中，农业的发展都要依赖于四个基本要素的相互作用，这四个基本要素包括资源禀赋、文化禀赋、技术和制度。速水佑次郎（2014）认为，一个国家的农业增长选择怎样的技术进步道路，取决于该国的资源禀赋状况；土地资源丰富而劳动力稀缺的国家，选择机械技术进步的道路是最有效率的，如美国；土地资源稀缺而劳动力丰富的国家，选择生物化学技术进步的道路是最佳的，如日本。与新古典经济学和传统的发展经济学不同，速水佑次郎把农业技术的变革过程看作农业发展经济制度的内生变量，而不是独立于其他发展过程的外生变量。也就是说，农业技术的变化不是随着人类科学知识的发展和技术进步自发进步的产物，而是人们对资源禀赋变化和需求增长的一种动态反应，即人们追求效益最大化的理性选择的结果，因此，该理论也被称为资源禀赋诱导的技术变迁理论。速水佑次郎（2005）的诱导技术变迁理论，不仅从发达的市场经济国家如美国和日本的农业现代化发展道路中得到了事实证明，还在发展中国家"绿色革命"的实践中得到了较为有利的证明。速水佑次郎（2003）还于1988年提出"农业发展三阶段论"：以增加生产和市场粮食供给为特征的发展阶段，提高农产品产量的政策在该阶段居于主要地位；以着重解决农村贫困为特征的发展阶段，通过农产品价格支持政策提高农民的收入水平是该阶段的主要政策；以调整和优化农业结构为特征的发展阶段，农业结构调整是该阶段的主要目标。

2.1.3　金融发展与农业现代化关系的理论分析

帕特里克（Patrick）假说认为，在实践中存在着金融发展与实际经济增长之间的"供给导向"和"需求跟随"模式的相互作用。金融发展与经济增长间的关系取决于经济发展所处的阶段，在持续的现代工业增长进行之前，金融发展的"供给导向"作用会引发真正的创新型投资，随着实际增长过程的出现，"供给导向"的动力逐渐变得不那么重要，金融的"需求跟随"作用将成为主导。这一连续过程也可能发生在特定产业或部门之间（Patrick，1966）。一个产业最初可能在"供给导向"阶段受到金融支持，而且随着发展，其融资转向需求依赖，而另一个产业仍然在"供给导向"阶段，这与产业在持续发展过程中所处的阶段有关，特别是在更多地取决于政府政策的情况下。不断增长的金融体系的"需求跟随"和"供给导向"被假定为或多或少地自动出现。假设随着金融规模的不断扩大，金融结构的不断调整，金融部门的创新能力具有很大的弹性，那么金融部门在提供金融服务时，能够获得利润的机会便会越来越大。对任何经济体而言，法律环境、制度和经济环境、政府的经济目标和经济政策以及政府债务增长等都是重要的影响因素。

18 世纪 70 年代和第一次世界大战之间的日本经济发展，说明了金融的"供给导向"和"需求跟随"相互作用。日本现代银行体系创建于 18 世纪 70 年代，主要负责发行纸币和对政府存款进行补贴。这些银行在工业没有大规模资金需求的情况下，初步将资金用于农业、商业和新兴的外贸融资。因此，从 18 世纪 80 年代中期开始，特别是在铁路和棉花纺织品（首先是进口竞争，后来出口导向）方面开始出现的工业爆发，成为早期金融创新的起点。通过间接途径，银行成为早期工业资金的重要来源。日本的现代金融体系创建于现代工业化之前，以供给为导向的金融创新对初期工业化的发展做出了重大贡献。到 18 世纪 90 年代中期，纺织品和其他消费品行业的融资渐渐从"供给导向"转向"需求跟随"。另外，大部分重型制造业的融资仍然是以"供给导向"为主导。

2.2 国外研究现状

以金融发展和农业现代化为主题，国外学者从多个角度展开了研究。国外对于金融发展理论研究较早，目前已经形成系统的理论，并成为世界主流的金融发展理论。戈德史密斯在尝试论述金融发展理论的同时，对金融发展的评价也展开了研究，沿着戈德史密斯的足迹，国外众多学者对金融发展的评价进行了研究。在关于金融与农业之间关系的研究上，国外学者更多关注的是政府在促进金融服务农业发展中所起到的作用。

2.2.1 金融发展与经济增长的研究

继戈德史密斯之后，很多学者都在研究中利用金融相关比率（FIR）衡量一个国家或地区的金融发展水平。为了能够更全面地衡量一个国家或地区的金融发展水平，很多研究尝试多角度地构建了金融发展评价指标体系。其中比较有代表性的有贝克、德米尔古克 - 肯特和莱文（Beck, Demirguc-Kunt and Levine，2000）所建立的金融发展指标数据库，该数据库把金融发展分为金融中介规模和活动、商业银行效率和金融市场结构、金融机构规模和活动、股票和债券市场四个维度 38 个指标。世界银行所构建的全球金融发展数据库，将包含了 1960 年至今 2020 个经济体金融体系特征的广泛数据集，目前包含 115 个指标；金融发展分为金融机构和金融市场的金融深度、金融广度、金融效率、金融稳定性四个维度，构建金融发展评价体系以衡量不同国家和地区的金融发展水平（Čihák et al.，2012）。

自从内生增长理论出现以来，人们对金融发展在经济增长中所发挥的作用给予了广泛的关注。随着理论研究的不断深入，关于金融发展与经济增长的实证评价的研究也得到了扩展。金和莱文（1993）的研究对戈德史密斯的工作进行了改进与发展，1960～1989年，对80个国家的金融体系与经济增长的影响因素进行了系统性的研究，并构建了初始人均GDP、初始中学入学率、政府支出/GDP的初始值、通货膨胀的初始值、贸易/GDP的初始值的金融发展评价体系，运用2SLS和3SLS方法，对金融发展水平与生产率提高、资本积累和经济增长之间的关系进行了实证研究。运用增强平均组（AMG）和共同相关效应（CCE）方法对40个国家，1989～2011年的金融发展数据和经济增长数据进行分析，可以发现随着时间的推移，信贷的发展对经济增长的作用显著地增加，实施金融深化的政策可以促进金融部门的发展，并以此加速经济增长（Durusu-Ciftci et al.，2016）。穆罕默德（Mohamed，2001）的研究考查了股票市场和经济增长之间的因果关系的性质，发现支持内生增长假说的证据，认为投资的水平和生产力是股票市场促进经济增长的重要渠道。

在帕特里克之前，古典经济学的主流理论都认为金融体系的发展应该适应经济增长，或者说在某种条件下，金融的发展会限制实际人均产出的增长。例如，罗宾逊（1952）在其著作中曾经对金融和企业的关系做过这样的表述：金融是在企业的引领下发展的。卢卡斯（Lucas，1988）认为，流行的金融理论中都过分地强调了金融在经济增长中的作用，金融机构的发展往往是经济增长的制约因素。帕特里克实证分析了欠发达国家金融发展与经济发展的关系，提出了供给导向（supply-leading）模式和需求跟进（demand-following）模式。随着对金融发展与经济增长之间关系的研究不断深入，对此的理论研究主要集中在五个方面。

第一，本西文加和史密斯（1991）、格林伍德和约万诺维奇（1990）、帕加诺（Pagano，1993）及吴、侯和程（Wu，Hou and Cheng，2010）集中关注了金融体系在资源配置中的作用。本西文加和史密斯（1991）将金融中介引入内生增长模型，金融中介将储蓄转化为资本，以此来促进经济增长。另外，由于金融中介的存在，通常可以减少社会不必要的资本清算，从而也可以促进经济增长。格林伍德和约万诺维奇（1990）认为，随着经济的不断增长，会推动金融机构不断地去从事金融中介活动，从而金融发展与经济增长双方相互促进。"AK"模型，从微观的单个投资者所面临的流动性风险的角度分析了金融中介所面临的资源配置效应和经济增长效应，并且证明了金融中介可以有效降低在资源配置中所造成的流动性风险，研究表明金融中介不仅对经济增长的水平有影响，而且具有增长效应（Kaw and Pagano，1993）。吴、侯和程（2010）根据1976～2005年欧盟（EU）13个国家的面板数据集，调查了金融机构对经济增长的动态影响，认为银行业发展、股票市场发展和经济发展之间存在长期均衡关系，股市资本化和流动性对经济发展具有积极的长期影响；金融深度可能对实际产出有长期的负面影响，但是改善商业银行的风险分散和信息服务，导致经济的稳定发展，股市流动性对经济增长有短期的负面影响。

第二，金融市场所允许的多样化投资组合，提高了流动性，从而降低了风险，刺激了经济的增长。莱文（1991）和圣保罗（SaintPaul，1992）对此展开了研究。莱文（1991）强调技术进步和人力资本创造作为经济发展的必要条件，构建了一个优化的一般均衡模型，建立了金融体系与经济发展之间的联系。更具体地说，股票市场可以在不破坏企业内部生产的前提下，提高企业对所有权交易的能力，从而自然地促进技术创新和经济增长。圣保罗（1992）构建模型揭示了不同国家的多重增长路径及分歧，认为资本市场可以通过金融多元化分散风险，在没有金融市场时，人们便会选择非专业化或者生产力较低的技术来控制风险，这种相互作用会导致多重均衡。在低水平均衡的条件下，金融服务不发达，技术难以实现专业化；在高水平均衡的条件下，则是恰恰相反的。

第三，阿里蒂斯、迪米崔亚德斯和卢英特尔（Arestis，Demetriades and Luintel，2001）、卢梭和瓦赫特尔（Rousseau and Wachtel，2000）的研究表明金融发展提供了一种退出机制，并提高了金融中介的效率。阿里蒂斯、迪米崔亚德斯和卢英特尔（2001）利用德国、日本、英国和法国的反映股票市场波动、银行系统发展、产出水平的相关指标数据构建VAR模型，实证分析了股票市场与产出增长的关系，认为基于银行的金融系统比基于资本市场的金融系统可能更能促进长期增长。卢梭和瓦赫特尔（2000）通过分析具有小时间维度的面板数据，利用47个国家1980～1995年的年度数据构建VAR模型，描述了股票市场在经济增长中的作用，研究结果显示股市流动性和传统金融中介活动的强度对人均产出具有主导作用。

第四，金融市场促进了创业精神和新技术的采用。熊彼特（Schumpeter，1911）对金融市场的作用做了开创性的工作，认为资本不是具体的商品组合，而是企业家可以用来实现随时支付的手段，可以为企业家和商品世界之间架起一道桥梁，因为银行在储蓄分配、激励创新和生产性投资方面的资金融通方面的作用，银行体系在经济增长中起关键性作用。格林伍德和史密斯（Greenwood and Smith，1997）提出了两个具有内生市场形成的模型来分析市场与经济增长之间的关系，探讨了金融市场、银行和股票市场在将资金分配给经济体系中所发挥的作用，强调市场形成是内生的；市场形成的成本通常要求市场发展需要一段时间的实际发展，市场可以促进资本分配到其最高回报用途，改变储蓄的组成并促进专业化，因此市场形成后可以促进经济增长。

第五，金融市场通过改变公司控制激励来影响经济增长的能力。德米尔古克·肯特和莱文（1996）比较了 1976～1993 年期间 44 个工业和发展中国家的流动性、集中度、波动性、制度发展和国际一体化，回顾了股市在经济发展中的作用，并记录了债务和股票市场在增长过程中的演变。证明了股市发展水平对预测未来经济增长有很好的作用。迪莱克（Dilek，2016）分别从理论和实证两个方面分析了金融发展在经济增长中所发挥的作用：论文的理论部分，在传统金融市场模型的基础上开发了 Solow-Swan 增长模式，证明信贷市场的债务和证券市场的股票是人均 GDP 的两个长期决定因素；在实证部分，利用 40 个国家 1989～2011 年的面板数据，运用增强平均组（AMG）和共同相关效应（CCE）对金融发展和经济增长的长期关系进行了估计。结果显示，无论是 AMG 还是 CCE，对人均 GDP 的稳定增长都具有长期的正向影响，而信贷市场的作用在逐渐增大。

随着农业现代化进程的不断深入，金融发展对农业现代化的制约越来越明显，国内外诸多学者从多个角度对金融发展理论、农业现代化的内涵、金融与农业现代化的关系等展开了研究。

2.2.2　国外金融发展与农业现代化的关系研究

关于金融发展对农业的影响方面，国外的研究中更多地考虑了政府在其中所起到的作用。由于农业的基础性，农业的稳定发展对任何一个国家都有着重要的意义。因此，各国政府在扶持农业发展方面，都采取了积极的措施。另外，随着金融发展水平的不断提高，农产品期货市场不断发展，农产品期货作为桥梁，一边是金融投资者，另一边是农产品贸易，同时对金融和农业都产生了影响。

2.2.2.1　政府、金融发展与农业

由于农业的基础性作用，无论是在发达国家还是发展中国家，政府都会采取一些积极的措施支持农业发展，这种政府行为往往依靠的都是政治力量，而不是依靠民间金融的力量。20 世纪初，很多先进的工业化国家都设立了农业信贷机构，来为农业的发展提供金融支持，并制定了相关法律法规，以限制民间金融参与农业尤其是大宗农产品的交易。到了 20 世纪 60 年代和 70 年代，这些措施又被很多发展中国家广泛采用。近几十年来，随着新自由主义经济模式的兴起和对民间金融参与的支持，许多国家都减少了对农业的保护条款，并放松了对民间金融参与者的监管，很多国家也开始通过金融市场和新的金融工具对农业的投资进行监管（Martin，2015）。巴斯、卡普里奥和莱文（Barth，Caprio and Levine，2012）认为，政府在对金融监管以及相关政策的制定中都发挥着重要的作用，而这种作用，也会反过来影响金融本身的发展。

在不同的时期，政府都会采取一些明确的措施以确保金融对农业的支持，而最近从大宗农产品期货交易市场来看，却是农业对金融市场的支持。政府通常会采取一些措施，以吸引私人金融进入农业。政府干预，对于农民增收和农业的可持续发展都起着重要的作用。

在 20 世纪早期，私人银行通常是对参与农业不感兴趣的（Wolff，1919）。从 20 世纪初以来，农业经济学家们一直在强调与其他行业相比，农业投资是

高风险的，因此，在没有政府为私人资本参与农业提供一些诸如破产法、政府回购等相关保险的情况下，私人资本是不愿意投资农业的。欧洲政府在 19 世纪开始便采取措施，介入为农民提供信贷支持，并在 20 世纪早期蔓延到美国和加拿大（Swinnen and Gow，1999；Cruyningen，2010）。此外，政府还会为农业提供价格保护、出口退税等其他补贴，通过对金融市场的调控以确保金融支持农业的发展。美国政府为农场提供抵押贷款，用于购买农场的农用设备，以此来支持农业产业化。加拿大于 1927 年设立了农业贷款的金融机构——加拿大农业贷款董事会，而这个机构最终的债权人其实是政府。美国在 1916 年颁布了《联邦农业贷款法》，并成立了土地银行，这样农场的所有权便可以作为抵押进行按揭贷款。政府通过这些措施，一方面可以为农业生产提供资本，另一方面也通过防止丧失抵押物的赎回权和其他的贷款损失保护银行及其他的金融机构（Winson，1992；Coleman and Grant，1998）。而其他形式的农业贷款往往也依赖于政府的干涉。虽然政府会限制银行参与一些反垄断行为的业务，同时也限制它们参与大宗农产品交易市场，但是信用社和其他的合作社却不会面临同样的限制。在欧洲，农业利益集团建立了合作社和信用社，对农业提供金融支持。在美国和加拿大，农民群体也都积极支持合作营销组织和信用社。这样，便可以由合作社和信用社向政治家们施加压力来制定为农业提供金融支持的相关制度（Booth，1928）。加拿大和澳大利亚成立了购销管理局来管理谷物的相关贸易，这在一定程度上限制了对粮食市场的操纵，在提供稳定的粮食出口价格的同时，也可以为粮食进口国提供信贷（Grogan，1948；Turner，1949）。粮食出口国的农民由于这些扶持政策会从农产品贸易中获益，但是粮食进口国的农民却不得不同"倾销"的农产品相互竞争（Clapp，2012）。二战以后的《国际商品协定》保障了农产品交易市场的稳定（Corea，1991）。"购销管理局"保证了农产品市场的有序化和稳定。而批评人士则认为农业补贴计划是低效率的，而且最终会对小农户造成伤害（Bates，2005）。于是，20 世纪 80 ~ 90 年代，世界银行和国际货币基金组织要求各个国家进行结构性调整，以结束或减少国家对农业的补贴和信贷，促使了《国际商品协定》的瓦解和"购销管理局"的解散（Clapp，1997）。

尽管国家采取扶持农业措施的目的是支持农业发展，然而在实践中，一些措施往往对农业大户和农产品贸易商更有利。农产品贸易商又有着双重的身份，他们不仅代表着农业的利益，同时还代表着金融机构的利益。最近，一些国家已经在系统地减少政府在农业金融领域的作用，以营造更好的环境，有利于私人金融参与农业生产（Fairbairn，2014；Isakson，2014）。以加拿大和澳大利亚为例，最明显的变化是对政府所经营的"购销管理局"进行了私有化改革。多数专家认为，随着各个国家对"购销管理局"的改革，私人部门将建立新的市场，例如，可以成立大宗农产品交易所。在发展中国家，银行和金融机构都不愿意向没有政府机构支持的农产品出口贸易提供资金，因此导致其失去了市场（Varangis and Larson，1996）。此外，澳大利亚和加拿大小麦局的私有化，意味着曾经国有的"购销管理局"被如今的商品交易所替代，并利用商品交易所进行风险控制（Magnan，2011）。

近期，各国政府通过养老基金和主权财富基金发挥对农业投资的作用。据估计，美国于2002年运用养老基金投资农业200亿美元，同比增长了60亿美元（Buxton et al.，2012）。加拿大也通过退休金计划开始对农业的投资。加拿大、美国、澳大利亚、新西兰和巴西也开展了针对农业的投资计划（Sutcliffe，2016）。这些项目将包括养老金在内的基金从"安全"的政府财政投资转变为"高风险"的私人投资，这其中就包含农业投资。伴随着这种转变，一种新形式的国家投资也开始应用于农业（Chanlau，2005）。

2.2.2.2 金融衍生品与农业

尽管历来私人金融介入农业的意愿不强，但是金融投资者与农产品贸易之间的联系却有着悠久的历史。在18世纪和19世纪初，商品交易所便通过由政府和市场相结合的金融监管与技术创新来实现农产品贸易（White and Rothman，1992）。18世纪的伦敦和19世纪的美国都相继成立了农产品期货交易所，到了19世纪中晚期，农产品期货交易在美国越来越普遍。随后，加拿大农产品期货交易也逐步开始，这也是贸易全球化的结果。农产品期货交易所为农产品的买卖双方提供了一个可以在未来日期进行交付的合同，从而锁定农产品交易价格，可以对冲农业生产中的不确定性和长期贸易的风险。私人金融一直活跃于农产品的营销和贸易中，甚至在正式的期货商品交易所成立之前这些交易便已经开始了。期货交易是基于不确定性的价格走势和预测所获得的回报，因此期货交易更像是一场赌博，期货交易的支持者们认为，期货交易所可以为农业商业化集中组织管理并提供价格信息和风险保护等服务（Gray，1977；Beckmann and Czudaj，2014）。从历史上来看，农民和农民组织一直对商品交易所持不信任和批评的态度，以为一些非农利益集团利用期货来操纵农产品价格和市场。由于这些问题的存在，在 19 世纪中晚期，美国的一些州是禁止期货交易的。尽管政府对商品市场的金融投机行为采取一些限制措施，但依然无法改变期货贸易不断增长的事实，譬如芝加哥（Cowing，1957）。金融投机者可以在不交付相关商品的情况下，只需付出其价值的一小部分，多次交易合同，所以这种交易至今依然存在。以期货合同为例，只需利用少量的资本便可以实现对大宗商品交易的控制（Sanders et al.，2010）。由此可见，商品交易所的存在一直以来备受争议。为了减少私人资本操纵农产品市场的机会，在 20 世纪早期，美国政府就开始对商品交易所进行监管。美国于 1922 年颁布的《谷物期货法》、1936 年颁布的《商品交易法》成为遏制金融投机者染指农业市场的关键立法。其中，《谷物期货法》要求所有的期货交易都必须在商品交易所内进行，禁止场外交易，规定操纵市场是非法的，市场交易商要依法每日报告头寸，这有助于减少对期货市场的操纵并增加市场的透明度。《商品交易法》限制了期货合约的数量。1933 年颁布的《格拉斯—斯蒂格尔法案》对银行和银行的投机行为进行了监管，这其中包括限制它们参与大宗商品市场。这些不同法规颁布的目的并非是要完全取缔农业市场上的金融投资，而是为了防止对期货市场的"过度"炒作，防止对市场的操纵引起农产品价格的暴涨和暴跌。这样主要的粮食贸易商、农民专业合作社、农产品加工企业和大的农场主可以利用期货交易以套期保值（Clapp and Helleiner，2012）。

由于私人资本出于规避风险的目的而不愿投资农业，所以在发达国家，政府通常会通过各种项目来支持农业，这其中也包括向农业提供信贷。不过，在 20 世纪 80 年代，加拿大的农业信贷主要依靠的是私人贷款机构和金融市场，而不是联邦政府（Anonymous，2011）。在美国，私人金融机构和参与者在提供农业信贷方面也发挥着重要的作用（Briggeman，2011）。在发展中国家，虽然国家鼓励向农民提供信贷，但私人金融依然不愿意为农民提供信贷（Sachs et al.，2004）。国际开发机构和金融机构也采取措施，以鼓励私人金融支持农业，这些项目包括结构性贸易和供应链融资、担保法律、土地所有权和小额贷款的改革等（Miller and Jones，2010；McMichael and Philip，2013；World Bank，2012；Biekart and Aitken，2013）。20 世纪 80 年代和 90 年代，随着结构化调整，国家所扮演的角色也在转变，由于农业风险依然存在，所以私人金融依旧不愿涉足。在理论上，商品交易所提供的各种工具，如期货合约等可以用来管理农业风险。世界银行鼓励各国进入衍生品市场，利用衍生品进行风险管理，以解决公共物品的问题。然而能真正利用衍生品市场的国家则屈指可数，譬如墨西哥专门设立了机构，以对冲纽约棉花交易所的大宗商品价格（Larson et al.，2016）。以上都表明各个国家开始寻求新的金融工具进行风险管理和商品销售。商品交易所的交易成本是很高的，这也意味着只有拥有大量资本的组织或机构才能够从这种市场形式中获益（IFC，2011）。虽然 50 多年来，美国一直对农产品期货贸易进行严格的监管，但是这些监管措施在 20 世纪 80～90 年代逐步变得宽松，这使得银行发售的与农产品相关的金融产品也越来越多（Ghosh，2010；Clapp and Helleiner，2012）。银行被授予"无异议函"后，便可以突破此前的持仓限制，还可以在场外（OTC）销售金融产品。美国于 2000 年颁布的《商品期货现代化法案》明确禁止了美国期货管理委员会作为监管机构对场外衍生品的监管（Tett，2010）。这种改变意味着美国对大宗商品市场的监管与欧盟趋向一致，都采用了宽松的监管制度，并且不对场外交易进行监管（Stichele and Tilburg，2011）。伴随着 2000 年美国所颁布的《商品期货现代化法案》的实施，商品交易所已经成长为全球性公司，进入新兴经济体的市场。

19 世纪后期，有关大宗商品期货合约的虚拟交易已经超过了现货交易。在美国，小麦期货市场中，金融投机者所占的贸易额从 20 世纪 90 年代初期的 12% 增加到了 2011 年的 61%（Worthy，2011）。据估计，在咖啡市场，1 公斤的咖啡在投机交易中被反复交易 8000 多次（Breger，2012）。与此同时，投机者还投资与土地收购相关的金融产品。过度的投机行为会导致农产品和土地价格波动的增加，这对农民和消费者都是不利的，由于价格波动所引起的不确定性和复杂性，使农民未必能够在上涨的农产品价格中受益（Mc-Michael and Philip，2010）。很多时候，在发展中国家所进行的与农田收购相关的投资，若是引入了大规模的工农业生产，都会造成小生产者的损失同时还会对生态造成破坏。越来越多的投资者进入了农产品衍生品的市场，这使大宗农产品贸易的利益相关者从中受益（Clapp，2012）。

2.3　国内研究现状

2.3.1　国内金融发展与农业现代化关系的研究

近年来，随着学者们对金融发展理论研究不断深入，国内学者在金融发展与经济增长理论的基础上，研究了农村金融发展与农业经济增长之间的关系以及农业金融发展与农民增收的关系，从研究方法来说，定性研究很少，大多是定量分析。

2.3.1.1　农村金融发展与农业经济增长

王丹等（2006）借助误差修正模型，实证分析了安徽省农村金融发展和农业经济增长之间的关系，研究结果表明二者之间存在长期均衡的关系，农村金融发展会引起农村经济增长的变动，但是短期效应并不明显。曹协和（2008）利用结构建模静态分析与时间序列动态分析相结合的方法，从综合的视角考察了我国农村金融发展和农业经济增长之间的关系，从长期动态分析来看，农村金融发展是有利于经济增长的。张乐等（2015）利用向量自回归模型，实证检验了中国农村资本和农业经济增长之间的关系，研究结果显示，中国农村金融发展与农业经济增长是不匹配的，内生性的农村金融资本比率和农业金融资本比率是有利于农业经济增长的。张羽和赵鑫（2015）利用面板平滑迁移模型研究了中国 25 个省份的农村金融发展与农业经济增长之间的关联机制，结果发现，农村金融发展对农村经济增长的影响具有明显的阶段性特征和区域性差异。邓莉和冉光和（2005）借助灰色理论中的关联分析法对重庆农村金融发展和农业经济增长之间的关系进行了研究，发现金融规模是影响农村经济增长和发展的重要指标，农业贷款对农村经济增长的影响较弱。刘志雄（2010）利用帕加诺模型对广西农村金融发展与农业经济增长进行研究后发现，农村金融发展对农村经济增长的支持力度不断加强，但作用却比较小。张宇青等（2013）利用空间计量方法对农村金融发展水平、农业经济增长在省域间的空间相关性和异质性进行研究表明，我国农村金融发展空间异质性有扩大的趋势，农业经济增长对农民收入的影响作用均比较显著但在方向上由负转正，而农村金融发展水平对农民收入的影响由显著变为不显著。刘金全等（2016）利用 PLSTR 模型实证分析了我国农村金融发展对农业经济增长的影响机制，结果发现，在农村金融发展初期，提高资金利用效率能够有效拉动农业经济增长，但提高农村金融相关率会对农业经济增长产生显著的抑制效应；而当农村金融相关率超过门槛水平后，提高农村金融相关率则能够显著促进农业经济增长。禹跃军和王菁华（2011）的研究结果表明，农村金融规模、农村金融效率、农村金融结构与人均实际农业 GDP 之间存在长期协整关系。李雪松（2013）理论分析了地方政府财政支农、农村金融发展与生产要素投入对农业经济增长绩效变动的作用机制，并进行了实证检验，结果显示，农业经济增长呈现明显的累积滞后效应，受政策驱动显著。张乐等（2015）利用中国 30 个省份的面板数据，定量分析了制度约束下的农村金融发展和农业经济增长之间的关系，研究结果表明制度约束下的农村金融发展并不利于农业经济增长，在农业经济发展程度越高的地区，制度约束下的农村金融发展对农业经济增长的负向作用可能越大。谢琼等（2009）利用多元回归、协整分析等方法，从农民收入、消费、投资和产业结构等多个方面，探究了农村金融规模、效率与农村经济的关系，发现农村金融的发展不仅没有促进农村经济的增长，还制约着农民增收、农村产业结构优化和农村消费方面的发展。

2.3.1.2 农村金融发展与农民增收的研究现状

杜婕等（2013）认为，农村信贷不足和农村金融发展的"门槛效应"使农村金融成为"抽水机"将资金从农村抽走，使农村存在严重的金融排斥。胡帮勇等（2012）通过对中国1980~2010年的时间序列分析了农村金融发展与农民收入结构之间的动态关系，发现农村金融发展对农民收入的影响以消极为主。谭燕芝（2009）借助向量误差修正模型对中国1978~2007年的数据进行实证分析后，认为农村金融发展与农民收入之间存在一种长期稳定的均衡关系，农村金融发展阻碍了农民收入的增长，农村金融并没有真正地服务于农村发展。雷志敏（2013）以新型农村金融体系改革为虚拟变量，分析金融发展对于农民收入增加和农村贫困率减少的影响及其作用机制后发现，金融发展显著促进了农民收入增加和农村贫困率的减少，金融体系改革对于金融发展的促进机制不仅具有显著的水平效应，而且具有显著的结构效应。余新平等（2010）利用中国改革开放至2008年的数据基于生产函数的分析框架，运用 ADF 检验、协整检验、格兰杰因果检验等方法实证分析了中国农村金融发展与农民收入增长之间的关系，发现农村存款、农业保险赔付与农民收入增长呈正向关系，而农村贷款、农业保险收入与农民收入增长呈负向关系。燕小青和张琴（2015）以浙江省为例，从中国二元金融结构出发，研究了民间金融的发展与中国二元经济结构的关系，认为民间金融发展在一定程度上弥补了农业发展过程中的资金不足问题，并对农民增收有着显著的贡献。张立军和湛泳（2006）从金融发展促进农民增收和消除贫困的角度，研究了金融发展对农民增收和消除贫困的影响程度。谢玉梅和徐玮（2016）利用固定效应模型，对中国东部、中部和西部地区的金融发展和农民增收之间的关系进行了实证分析，结果显示，农村金融机构人均贷款额的增加、农村金融机构发展效率的提高、农村居民家庭拥有的生产性固定资产原值的增加对农民增收起到促进作用。苏静等（2013）对中国东、中、西部的农村非正规金融的收入效应进行了研究，认为这三大经济带的农村非正规金融发展对农民增收具有显著的正效应。

2.3.2　金融发展与农业现代化的评价研究

我国的改革开放，促使了国内经济 40 年以来的高速增长。而如今的制度没有使农村的各个生产要素达到最优配置。一是农民土地权益缺乏有效保障，不稳定的土地经营权和得不到有力保护的农民土地经营权流转的收益，都阻碍了土地的利用率和配置效率的提高；二是由于长期以来实施的城乡二元经济结构，使在就业、教育、医疗、社会保障等方面，农民不能享有和城市居民同样的待遇；三是农民的市场能力及权利受抑制，导致资金通过农产品财政、农产品价格和金融等渠道持续地逆向流出农村（周文、孙懿，2011）。家庭联产承包责任制从根本上解决了农业微观经营环节的激励问题，但在支配城乡关系格局的整个政策取向尚未发生根本改变的条件下，农民收入并不能完全通过农业生产而获得继续提高（蔡昉，2008）。

我国现阶段现代农业的发展呈现多元化的特征，主要表现为目标要求多元化、产业类型多元化、发展模式多元化、功能定位多元化、要素配置多元化。但是，资源的状态、科技的水平、生产成本、农业经营主体等因素都制约着现代农业的发展，因此，发展现代农业需要提高中低产田的产出能力、提高劳动生产率、培育新型农业经营主体、提高农业单产的水平（张红宇，2014）。到2020 年，都市现代农业要率先实现农业现代化、率先实现"三农"的协调发展、率先实现"四化同步"，准确把握现代农业的内涵是实现以上目标的关键，现代农业充分发挥"服务、生态、优质、科技、富民、传承"六大功能，因此，现代农业是服务城市的农业、宜居生态的农业、优质高效的农业、科技创新的农业、富裕农民的农业、传承农耕文明的农业（韩长赋，2014）。增强农业生产的物质技术条件、完善农业的支持保护体系、健全农产品的市场流通体制、提高农业生产的组织化、社会化程度是建设我国现代农业必不可少的环节（陈锡文，2013）。同时，科技进步是确保我国农产品有效供给，加快实现农业现代化的关键，依靠科技的力量，改造传统农业，破除城乡二元结构，实现城乡一体化，是现阶段发展现代农业需要解决的问题（付娆，2014）。我国在工业化建设阶段，为了支持工业发展，以牺牲农业的粮食和劳动力代价换取了工业的发展。

结合我国现代农业发展的现状来看，如果我们在经济建设之初，就能像舒尔茨在《改造传统农业》中所强调的，对农业发展给予足够的重视，更有利于实现由传统农业向现代农业的转型（王英姿，2014）。而当前，我国土地集约、规模经营的程度化低下，劳动生产率普遍不高，所以，政府应采取积极措施，规范并引导土地、劳动和资本的整合，实现农村生产要素配置的最优化，从现代农业发展进程分析，以农业生产主导产业为载体，通过完善的农产品流通市场来实现土地、劳动和资本整合是发展现代农业的必然选择（卫思祺，2012）。

2.3.2.1 金融发展评价的研究现状

近年来，随着金融理论的不断发展和完善，国内学者对金融发展评价也开展了研究。表 2 - 1 所列为近年来，学者们从不同视角对全国、省域、县域的金融发展水平进行评价时所构建的评价体系的维度和所采用的评价方法。

表 2 - 1　　　　　　　　国内金融发展评价研究现状

研究文献	研究视角	研究维度	评价方法
穆献中等（2016）	区域金融发展	金融总量 金融结构 金融效率 金融环境	因子分析法
张亮和衣保中（2013）	东北地区金融发展评价		因子分析法
徐璋勇和封妮娜（2008）	中国省域金融发展评价	金融总量 金融结构 金融效率 经济发展水平 其他资金支持和影响	多指标综合评价法：因子分析、赋权重、数据归一化处理
夏祥谦（2014）	省域金融发展水平评价	金融规模 金融结构 金融效率	变异系数法
李正辉和胡碧峰（2014）	省域金融发展水平评价	银行业 保险业 证券业 金融业	线性加权综合法

续表

研究文献	研究视角	研究维度	评价方法
郑少智和黄梦云（2015）	省域金融发展评价	金融规模 金融结构 金融效率	因子分析法
曹栋和唐鑫（2016）	省域金融发展评价	银行间市场 证券期货市场 保险市场	主成分分析法
李福祥和刘琪琦（2016）	省域金融发展水平评价	经济金融环境 银行业发展水平 保险业发展水平 证券业发展水平	因子分析法； TOPSIS 综合评价法
熊学萍和谭霖（2016）	省域金融发展水平评价	金融深度 金融宽度 金融效率 金融生态环境	因子分析法
张一青（2016）	省域金融综合效率评价	金融发展投入指标 金融发展产出指标 金融发展外部指标	四阶段 DEA-Tobit 方法
殷克东和孙文娟（2010）	沿海8省市金融发展水平评价	金融发展经济基础 金融发展规模 金融发展广度与深度 金融发展效益	多指标综合评价法：层次分析法、熵值法、主成分分析法、灰色关联度分析法
董金玲（2009）	江苏省金融发展评价	金融规模 金融深度和广度	因子分析法
褚保金和莫媛（2011）	县域金融发展评价	规模总量 组织机构 中介效率 服务覆盖面	因子分析

资料来源：作者整理。

2.3.2.2 农业现代化评价的研究现状

对我国农业现代化水平进行客观的评价，可以反映出我国农业的不同发展阶段发展概况，有利于找出适应我国国民经济发展的农业发展模式。目前，国外对于农业发展水平的评价多集中于农业可持续发展，而国内关于农业的评价主要集中于对农业现代化评价的研究、农业发展可持续性评价的研究和对不同地区现代农业发展水平评价的研究。表 2 - 1、表 2 - 2 和表 2 - 3 分别是国内学者对现代农业、农业现代化和农业可持续构建指标体系进行了研究。

（1）现代农业评价的研究现状。国内学者对现代农业发展水平的评价方法很多，典型的主观分析法主要有德尔菲法、理论分析法等；客观分析方法主要有层次分析法、熵权法、变异系数法、综合指数法、因子分析法等。很多学者分别从不同的维度构建了不同评价指标肢体对现代农业的发展水平进行了综合评价。

表 2 - 2 现代农业评价体系研究现状

研究文献	研究视角	研究维度	评价方法
齐城（2009）	中国 1996 年、2000 年、2006 年现代农业发展水平和 2006 年各省份现代农业发展水平评价	物质装备 科技与管理 劳动者 经济效益 社会效益 生态效益	层次分析法、德尔菲法
张超等（2014）	2000～2011 年金砖国家农业发展水平评价	农业投入水平 农业产出水平 农业社会发展水平	多指标综合评价法构建指标体系、熵权法和变异系数法确定指标权重
于平福等（2008）	2006 年中国 31 个省份现代农业发展水平评价	农业投入水平 农业产出水平 农业市场化程度 农业可持续发展水平 农民生活水平 农村经济结构	德尔菲法进行指标筛选、专家咨询、层次分析法确定权重，物元模型、集对分析相融合构建模型
杨霞（2011）	2009 年中国 31 个省份农业发展水平评价	农业科技水平 农业经济水平 农业资源水平 农业消费水平 农业抗灾水平	GM 法评价、熵权法修正

续表

研究文献	研究视角	研究维度	评价方法
贾登勋和刘燕平（2014）	2002 年西部地区现代农业发展水平评价	农村社会经济发展水平 农业经济结构指标 农业产出水平指标 农业生产力水平指标 农业可持续发展指标	层次分析法、线性加权法
高强和丁慧媛（2012）	2010 年沿海 11 个省市适度规模现代农业发展水平评价		主观赋值法中的层次分析法与客观赋值法中的因子分析法、熵值法相结合的方法
俞姗（2010）	2008 年中国及福建省现代农业发展水平评价	农业投入水平 农业产出水平 农业经济结构 农村社会发展水平 农业可持续发展水平	德尔菲法，层次分析法确定权重
周亚莉和袁晓玲（2010）	1991～2007 年陕西省现代农业发展水平评价	粮食安全水平 产业化经营水平 现代化生产水平 可持续发展水平 绩效水平	改进型熵权法赋权重
葛立群等（2009）	辽宁省 14 市现代农业发展水平及发展潜力	发展水平 发展潜力	构造综合指数法
相广芳等（2009）	无锡市现代农业评价	农业生产 农村发展 农民生活	层次分析法
徐贻军和任木荣（2009）	2006 年湖南省县域现代农业发展水平评价	农业投入水平 农业产业化水平 农业科技水平指数 农业支持保障水平指数 农业经济结构指标 农村经济发展水平指标 农业产出水平指标 农业生态水平	

续表

研究文献	研究视角	研究维度	评价方法
黄祖辉、林本喜（2009）	县（市）域和农户（场）层次现代农业评价	土地资源 劳动力资源 水资源 物资资源 技术资源	主观法
赵洪亮等（2012）	2009 年沈阳三县一市现代农业评价	农业生产发展水平指标 农村经济社会发展水平指标 农民收入消费水平指标 基础设施技术投入指标 农业科技水平指数 农业可持续发展水平	德尔菲法、综合指数法
张友良（2008）	2007 年湖南省县域现代农业发展水平评价	县域现代农业总量发展指标 县域现代农业人均发展指标 县域现代农业技术水平指标 县域现代农业基础设施指标	对各指标赋权重，通过加权综合处理计算出现代农业综合发展水平得分
陈建国等（2009）	2006 年新疆县域现代农业发展	农业投入水平 农业产出水平 农业发展水平 环境保护水平	因子分析法
佟光霁和张晶辉（2014）	2013 年哈尔滨多功能农业发展水平评价体系	经济功能 生态功能 社会功能 文化功能	专家调查法构造矩阵、层次分析法确定指标权重；灰色多层次评估模型

资料来源：作者整理。

（2）农业现代化评价的研究现状。国内学者对农业现代化发展水平进行评价的研究现状如表 2 - 3 所示，对我国农业现代化水平进行的评价，有助于为我国的农业现代化发展道路建设指明方向。不同的学者运用不同的方法构建了农业现代化的定量评价模型。

表 2-3　　　　　　　　　农业现代化评价研究现状

研究文献	研究视角	研究维度	评价方法
韩士元（1999）	农业现代化的内涵及评价		
刘晓越（2004）	中国农业现代化评价	农业生产手段 农业劳动力 农业产出能力 农业生产条件	运用专家咨询约束条件下的最大方差赋权法确定评价指标的权重
蒋和平等（2005）	中国 1980~2003 年农业现代化水平评价	农业投入水平 农业产出水平 农村社会发展水平 农业可持续发展	层次分析法确定权重；多指标综合指数法
"农业现代化评价指标体系构建研究"课题组，张淑英、夏心旻（2012）	对 2010 年江苏省农业现代化水平进行评价	农业产出效益 农业科技进步 农业产业经营 农业设施装备 农业生态环境 农业支持保障	德尔菲法确定权重
易军和 张春花（2005）	北方沿海地区农业现代化水平评价	农业生产水平 农业生产条件 农业科技水平 社会发展水平 农民生活水平 生态环境水平	层次分析法确定指标权重；弹性系数法进行评价分析
李林杰、 郭彦锋（2005）	中国农业现代化指标体系	农业生产能力 农业生产经营的商品化程度 农村社会经济发展水平 农业发展的可持续能力	

续表

研究文献	研究视角	研究维度	评价方法
郭冰阳（2005）	构建中国农业现代化评价指标体系	农民收入和生活水平 农业生产件和装备水平 农业科技和教育水平 农村城镇化发展水平 农业经济结构 农业产业化和市场化程度 农业生产力水平 农业资源和环境系统	聚类分析、非参数检验
谭爱花等（2011）	构建中国农业现代化评价指标体系	农业经济现代化水平 农业社会现代化水平 农业生态现代化水平	层次分析法确定权重，并进行了一致性检验
傅晨（2010）	对广东省、广东省四个区域及 21 个市农业现代化进行评价	10 个指标	计算每个指标的农业现代化达标率，指标农业现代化得分 = 实际值/标准值×权重
卢方元和王茹（2013）	2 个中原地区 28 个市农业现代化水平评价	经济发展水平 农民生活水平 农业生产效率水平 基础设施水平 农业投入水平	熵值法进行综合评价
林正雨等（2014）	2000～2011 年四川省农业现代化水平评价	农业投入水平 农业产出水平 农村社会水平 农业可持续水平	层次分析法确定权重；多指标综合评价模型进行评价

资料来源：作者整理。

（3）农业可持续发展评价的研究现状。国内学者对农业可持续发展评价的研究现状如表 2-4 所示。通过构建农业可持续发展指标体系，可以分析农业可持续发展的限制因素，为农业持续健康发展提出建议，国内很多学者对此展开了研究。在追求经济快速持续增长的过程中，中国农业长期处于粗放式经营的状态，造成了对资源的耗费和对生态的破坏，例如大量化肥和农药的施用，不仅破坏了土壤，而且还是近年来北方地区雾霾的元凶之一。我们在发展经济的同时应该如何实现可持续发展既是经济问题，也是社会问题。从学者们对农业可持续发展的评价可以看出，大多是从经济子系统、社会子系统、资源子系统、环境子系统的可持续性构建指标体系，从不同角度对农业可持续发展进行的评价，为分析农业可持续问题提供了工具和依据。学者们进行评价的方法主要分为主观评价法和客观评价法，其中主观评价法主要有德尔菲法、层次分析法等，客观评价法主要有因子分析法、信息熵法、聚类分析法等。

表 2 - 4　　　　　　　　　农业可持续发展评价研究现状

研究文献	研究视角	研究维度	评价方法
程智强（1999）	基于农业可持续发展的目标，建立农业可持续发展评价体系	产出可持续性 经济可持续性 生态可持续性 社会可持续性	无量纲处理、层次分析法确定权重
褚保金等（1999）	应用面向对象的思想，构建了中国农业可持续发展的指标体系	环境资源 农业经济 农村社会 农业科技 外部环境	德尔菲法和层次分析法确定指标权重
辛俊和赵言文（2010）	构建安徽省农业可持续利用系统评价指标体系	人口子系统 资源子系统 经济子系统 社会子系统 环境子系统	因子分析确定指标；层次分析法和德尔菲法确定指标权重
彭晓洁等（2011）	1996～2009 年江西省农业可持续发展综合指数	农业经济 农业资源与环境 农业社会	信息熵修正的层次分析法，计算权重
王云才和郭焕成（2000）	构建东昌府区农业可持续发展的指标体系，对其农业可持续发展能力进行评价	资源与环境 资本积累与社会条件 农业生产水平 农业可持续能力	层次分析法；专家赋值法
山世英（2002）	构建 1985～2000 年山东农业可持续发展指数	农业经济 农业资源环境 农村社会	层次分析法

研究文献	研究视角	研究维度	评价方法
赵莹雪（2002）	构建了山区县域农业可持续发展评价指标体系	可持续发展水平 可持续发展能力	采用 AHP 法，结合专家咨询
陈国生和赵晓军（2011）	以 2002～2010 年洞庭湖区域农业发展为例，构建农业可持续发展指标体系	农业经济子系统 农业生产子系统 农业社会子系统 农业资源与环境子系统	专家调查法和层次分析法确定指标权重
曹执令（2012）	分析 2002～2010 年衡阳市可持续发展水平变化的原因	农业经济发展水平 农业生产要素效率 农业社会发展水平 农业资源与环境发展水平	专家意见法和层次分析法确定指标权重
高鹏和刘燕妮（2012）	分析我国 31 个省份区域间农业可持续发展产生差异的原因	经济可持续能力 社会可持续能力 资源可持续能力 环境保障可持续能力	因子分析确定指标、聚类分析确定层次

资料来源：作者整理。

2.4　文献评述

在传统农业向现代农业转变的过程中，金融为重要的现代农业要素，对农业的作用日益重要。为了促进金融支农力度，多年来政府连续出台了多个文件、政策，强调金融的对农支持，然而金融却依然是制约我国农业现代化的"瓶颈"。中国在工业化的过程中形成了二元金融结构，长期以来一直存在着农村金融体系的系统性负投资现象，当面临着农业现代化进程中旺盛的金融需求时，金融成为主要的制约因素之一。

从国外的研究来看，国外的研究中大多从金融体系的整体角度研究金融与农业之间的关系，探讨在农业发展过程中政府行为的作用及金融体系、金融市场等对农业的影响。在过去的一个世纪以来，在一些发达国家，奠定了国家作为金融和农业的媒介的基础，这使得最近几十年，在农业现代化的进程中，成功地吸引了私人金融的参与。政府不仅提供了稳定的市场，同时还是农业产业化、农业价值链和农产品贸易发展的关键。当这种趋势牢固确立，私人资本便会对农业越来越感兴趣，而不是简单地参与农业生产过程的最后阶段，利用资本来控制大宗农产品市场的价格。近几十年来，一方面，由于私人金融对农业的参与，对国家的发展也产生了影响；另一方面，在鼓励和引导私人金融参与农业的过程中，政府也发挥了至关重要的作用。无论从短期还是长期来看，如果政府不为私人金融进入农业创造有利可图的环境，私人资本自身也会创造条件来主宰这一行业。目前，在大宗农产品市场价格波动的背景下，难以保证私人金融依旧对农业这一风险高、不确定性强的行业感兴趣。随着资源的破坏和生态环境的恶化，有可能会导致私人金融对农业领域失去兴趣并最终从该行业退出。

在国内已有的研究中，大多是从涉农金融的角度展开，探讨如何加大金融支农力度等，或是研究农村金融发展与农村经济增长、农村金融发展与农民增收的关系，等等。单独从涉农金融角度研究金融支农问题具有一定的局限性，难以全面分析金融对农业的影响。在研究中，往往无法把农村金融客观地从金融发展的整体中独立分割出来的。例如，设立于农村的金融机构，一直从事着农业和农村信贷，从这个角度而言，是属于农村金融体系的一部分，而很多农村金融机构虽然设立于农村，但是从农村吸储后，却从事着向工业、房地产等其他行业发放信贷的业务，那么从这个角度而言，这些设立于农村的农村金融机构并不是完全服务于农业和农村的。另外，设立于城市的金融机构，如证券公司、期货公司等，往往都涉及农产品贸易、服务于上市农业企业等。证券、期货等发展水平的提高，对农业现代化的发展有着重要的促进和推动作用，在分析金融与农业的关系中，如果不把这些因素和影响考虑进去，便无法全面地分析在农业现代化的进程中金融对农业的影响。因此，农村金融与金融整体是一个错综复杂交叉的系统，支持农业、农村发展是金融的功能之一，研究农村金融问题，必须考虑整体金融的影响。现代农业是以金融为纽带，组织、管理农业生产，运用现代科学技术方法、装备，实现农业生产专业化、标准化、规模化的现代生产模式，需要高度发展的金融发展水平与之相匹配。我国地区之间差异较大，区域经济发展不均衡，随着近年来，政府对农业的支持力度不断加大，各个地方政府也在促进金融支农上做出了很多的努力，但是由于我国的金融发展的制约，金融工具创新动力不足，资本市场不够完善，期货市场不够健全等原因，使金融发展与农业现代化的匹配程度低下。本书认为，金融支农力度对农业的发展有着重要的影响，但是只有通过提高金融发展整体水平，使金融具备足够的能力，才能有效满足农业发展的金融需求；只有当金融发展水平足够高时，加大金融支农力度等措施才是有效途径。这样，金融便可以在市场机制的作用下，在农业中寻求金融的增长点。金融资本具有逐利的特性，只有金融在农业中能够找到增长点，金融资本才有动力和意愿进入农业。因此，提高金融发展水平是实现金融资本与农业现代化对接的前提。

为了全面研究金融发展对农业现代化的影响，本书系统地研究金融发展与农业现代化的动态关系、金融发展与农业现代化的匹配度以及金融发展与农业现代化的匹配路径，以期能够突破农业现代化的金融"瓶颈"。在第二个"刘易斯拐点"到来之际，实现城乡一体化的同时便是农村金融消亡之时。国外发达国家在农业生产中都形成了发达的现代农业体系，称之为"Agribusiness"，即以现代产业组织为纽带横跨第一、第二、第三产业并可持续发展的包括农业产前、产中、产后环节，高度专业化分工，社会化服务组织健全的有机系统。如此，农业现代化便具有足够的吸引力来吸引金融的介入，当金融投资农业有利可图时，不止传统涉农金融机构愿意对农投资，其他商业银行也会把眼光投向现代农业。当农业高度金融化时，金融就会对农业发挥"需求跟随"的作用，与农业高度匹配、高度融合，贯穿于农业生产的产前、产中、产后的全过程。

综合已有研究成果，发现农村金融与农业现代化关系的研究成果比较丰富，但大多数研究是从定性角度出发论述两者的相关性，已有的定量研究中也缺乏对不同金融对农业现代化的路径和细分，这种缺失将不利于对现有农村金融支持政策的效果进行正确评价。本书在对我国东、中、西部省份的农业现代化水平和金融发展水平进行综合评价的基础上，运用匹配度模型测度不同地区的金融发展与农业现代化的匹配度，运用结构方程模型分析金融发展对农业现代化的具体影响路径，为我国农业现代化进程推进和金融体系改革深化提供理论和数据支撑。

第3章
中国金融发展与农业现代化的实践

中国的改革开放与现代化发展进程中，农业的发展和现代化仍然处于重中之重，金融的改革与发展伴随着社会主义市场经济体制的建立与完善日益深化。现代金融体系发展已成为推进农业现代化进程的必要条件和重要手段，没有金融支持，农业的集约化、现代化难以实现。

3.1 中国农业现代化的进程

从新中国成立初期开始，中国的农业现代化经历了曲折的发展，本章主要从中国农业现代化的建设成效和发展历程分析中国农业现代化的进程。

3.1.1 农业现代化的发展历程

农业是基础产业，农业不仅为国民经济的发展提供粮食、原材料、劳动力，还可以产出多功能生态产品。从发展经济学的角度来看，农业还可以消除贫困、增加就业和缩小贫富差距。我国农业的发展经历了两个发展时期：从新中国成立到改革开放之前的计划经济体制时期和改革开放以后的全面发展时期。改革开放以前，在重工业发展优先的经济发展战略的影响下，牺牲了农业的利益支持了工业和其他产业的发展；改革开放以后，家庭联产承包责任制的实行，提高了农民的经济能力，确定了农民的权利，明确界定了农民的收益权，有效地防止了"搭便车"的行为，大幅度地提高了农民收入，但是随着改革的深入和市场经济体制的建立，现行的体制无法实现对农业各个生产要素的最优配置。

3.1.1.1 改革开放以前，计划经济体制时期

（1）初步探索阶段：农业合作化时期（1949～1958年）。这个阶段是中国农业现代化的初步探索时期，在中国第一代以毛泽东为核心的领导人的领导下，对农业现代化的道路进行了初步探索。这一时期的主要特征是农业现代化以合作化和机械化为主要的发展模式，以调整生产关系为主、生产力为辅助，土地改革之后，农民获得了生产资料，生产热情高涨。国家采取了高度集中的计划经济体制，为了振兴经济采取了重工业发展优先的经济战略，农业现代化服务于工业现代化。

1954年，周恩来在政府工作报告中首次提出了现代化的农业，强调重工业的发展是实现国家工业现代化的基础，在此基础上相应地发展交通运输业、轻工业、农业和商业[①]。关于农业社会主义改造道路的思想，毛泽东提出了"先合作化，后机械化"的观点，曾经在《关于农业合作化问题》中指出，"在农业方面，在我国的条件下，则必须先有合作化，然后才能使用大机器"（中共中央文献研究室，1999）。并且为具体如何实现农业合作化制定了政策和方针："农村里一切明白道理的人都应该积极加入带有社会主义萌芽性质的互助组，加入半社会主义性质的生产合作社和供销合作社，将来就可以再进一步实行集体农民公有制的完全社会主义性质的生产合作社和功效合作社，实现集体生产和富裕生活"（中共中央文献研究室，1990）。

1950～1952年，中国形成了以"互助组"为主要形式的带有社会主义萌芽性质的生产关系，在农民个体经济的基础上，成员的生产资料是完全私有的集体劳动组织。这是一种比较原始的农业生产关系，但是适应了当时中国

①　周恩来. 1954年政府工作报告——1954年5月23日在中华人民共和国第一届全国人民代表大会第一次会议上 ［R］. http：//www. gov. cn/test/2006－02/23/content_208673. htm.

农业生产的实际，调动了农民的生产积极性，受到了农民的普遍欢迎。1952年以后，在互助组发展到一定程度后，形成了半社会主义性质的农业生产合作社。农业生产合作社是在"互助组"的基础上发展起来的，土地等主要生产资料仍然为社员私有。1955～1958年，成立了将主要生产资料转为合作社集体所有，社员参加集体劳动、按劳取酬、同工同酬的完全社会主义的集体所有制形式的高级农业生产合作社，这种形式没有充分调动农民的积极性，存在着较多的问题（全国人大，1956）。

农业合作化促进了中国社会主义改造的顺利完成，为中国农业现代化奠定了坚实的基础。在农业合作化运动中，实现了土地公有化，把亿万个体经济为基础的农民组织了起来，使中国农业走上了现代化发展的道路（陈锡文，2016）。同时，在合作化中促使中国的农业生产进行了内部分工，为农业现代化中的专业化和商品化创造了基本条件。但是，1955年以后的合作化运动中，存在着片面追求速度，工作不够细致，改造进程过快，形式简单单一的缺点，阻碍了中国农业现代化的进一步发展（谭首彰，2009）。

（2）农业现代化曲折发展阶段：农业集体化时期（1958～1978年）。在社会主义改造基本完成之后，1958年发起了"大跃进"和人民公社化运动，加上后来的"文化大革命"使农业生产受到了严重影响，中国农业现代化的进程因此而进入了曲折发展阶段（杨少垒，2015）。

人民公社是在不适当地鼓吹办大社的基础上搞起来的（中共中央文献办公室，1985）。1958～1962年所实行的全民所有制的、"一大二公"的人民公社是大集体所有制，这时期"五风"盛行，农业生产力严重下降，粮食产量下滑。由农业生产合作社转为人民公社后，人民公社的组织规模和经营范围都扩大了，以"一大二公""政社合一"为特点，统一经营、集中劳动、简单协作，在生产上强调自我供给，商品化意识薄弱，公社干部和社员都没有积极性。

党的八届九中全会之后，毛泽东在充分调研的基础上，纠正了人民公社中的错误做法，调整了生产关系，形成了以"三级所有、队为基础"的生产资料基本上由生产队所有的所有制形式，这一做法仍然没有很好地调动农民的生产积极性，基本上与当时的生产力发展水平是不相适应的。

这一时期，受西方国家农业现代化的影响，中国的农业现代化是以集体化、机械化、水利化、化肥化、电气化为特征的。在农业现代化道路的探索中，片面追求粮食产量，农业政策主要靠国家的行政命令强制推行，农民的生产积极性不高。当然，也取得了一定的成果：基本解决了人民的温饱问题，农业生产水平不断提高，农业技术装备和农业科技都有了进一步的发展，为农业现代化建设提供了物质基础。

3.1.1.2 全面发展阶段

（1）全面探索阶段：农业市场化时期（1978～2001 年）。党的十一届三中全会之后，家庭联产承包责任制实行"包产到户，包干到户"，土地由集体所有，农户承包经营，这一制度充分调动了农民的生产积极性，适应了生产力的发展，实行家庭承包制这一步改革，仍然是采取了渐进、增量的方式进行，遵循了帕累托改进的原则（蔡昉，2008）。中国农村的家庭联产承包责任制的改革，促使了中国 40 年以来的经济高速增长。

这一阶段，在对农业现代化的认识上，进一步拓宽了农业现代化的内涵，明确了科技化是农业现代化的重要内容，在充分结合中国农业发展特色的基础上，吸收了历史上农业发展的经验和教训，对农业现代化有了全面的认识。家庭联产承包责任制和社会主义市场经济体制的推行，使农业生产力获得了解放，农业结构优化，农民在农业生产和经营中掌握了主动权，成为市场经营的主体，充分调动了农民的生产积极性，这一时期不仅为中国农业 40 年的持续发展打下了良好的基础，同时也为全面建设农业现代化提供了坚实的保障（杨少垒，2015）。

（2）全新发展阶段：中国特色农业现代化时期（2002 年至今）。党的十六大以来，在科学发展观的指导下，党中央逐步取消了新中国成立以来一直坚持的"农业支持工业，农村支持城市"的发展战略，同时确立了"以工促农，以城带乡"的方针政策，中国特色农业现代化道路的探索进入了全新的发展阶段。

家庭联产承包责任制从根本上解决了农业微观经营环节的激励问题。2014 年中央农村工作会议中提出了"落实集体所有权、稳定农户承包权、放活土地经营权"，2014 年中央"一号文件"中进一步明确了在落实农村土地集体所有权的基础上，稳定农户承包权、放活土地经营权。农村土地所有权、农户承包权、土地经营权"三权分离"格局的形成，给承包农户带来了财产收益，实现土地承包经营权的财产价值；经营权则通过在更大范围内流动，提高了有限资源的配置效率。对于农村集体土地的"三权分置"，习近平总书记指出："家庭经营在农业中居于基础性地位，集中体现在农民家庭是集体土地承包经营的法定主体。农村集体土地应该由作为集体经济组织成员的农民家庭承包，其他任何主体都不能取代农民家庭的土地承包地位。农民家庭承包的土地，可以由农民家庭经营，也可以通过流转经营权由其他经营主体经营，但不论承包经营权如何流转，集体土地承包权都属于农民家庭。这是农民土地承包经营权的根本，也是农村基本经营制度的根本"（陈锡文，2016）。

2007 年，党的十七大首次提出了"走中国特色农业现代化的道路"的发展战略，并把走中国特色农业现代化道路作为中国特色社会主义道路的重要组成部分。经过改革开放以来的快速发展，中国工业化、信息化、城镇化的水平都有了明显提升，经济总量已跃居世界第二位，但农业现代化的进程仍明显滞后，农业的综合效益不高，多数农产品的国际竞争力不强，城乡居民收入差距仍然较大（陈锡文，2016）。

3.1.2　农业现代化建设的成效

新中国成立初期，由于百废待兴，中国的农业发展极其缓慢，生产力水平低。经过几十年的发展，我国的农业在改革中不断发展，农业现代化的整体水平有了明显的提高。参考《全国农业现代化规划（2016～2020 年）》中对农业现代化发展的界定，本部分选取农业综合生产能力、农业结构调整和农业的产出效益等指标分析新中国成立初期至 2016 年中国农业现代化的建设成效。

3.1.2.1　农业综合生产能力的发展状况

粮食产量是衡量农业综合生产能力的主要指标之一。新中国成立到改革开放之前，我国实行的是计划经济体制，这一阶段，国家大力发展工业，牺牲了农业的利益。由于当时的经济体制缺乏激励机制，极大地打击了农民生产的积极性和能动性。新中国成立初期，由于我国农业的生产力水平低下，粮食产量很低，仅为 11 318.14 万吨（见图 3 - 1），温饱问题无法解决。虽然在 1957 年，粮食产量提高到了 19 504.50 万吨，但是由于"大跃进"，以牺牲农业为代价发展工业的政策的实施，使粮食产量锐减，1961 年粮食产量仅为 13 650.69 万吨。改革开放以后，我国实行了以家庭联产承包责任制为主要内容的改革，极大地调动了农民的生产积极性，粮食产量实现了持续增长。2003～2015 年，我国粮食产量实现十三连增，2015 年粮食产量达到 62 143.92 万吨。随着粮食产量的不断提高，农业现代化水平不断提升，农民生活也有了明显改善。

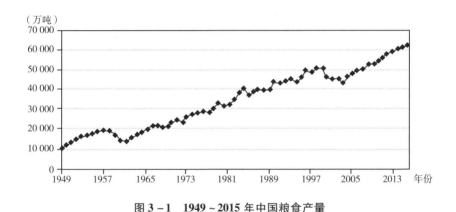

图 3 - 1　1949～2015 年中国粮食产量

资料来源：Wind 数据库，http：//www.wind.com.cn/。

3.1.2.2　农业结构的演变

中国农业生产在改革开放前长期实行计划管理，农业结构不尽合理，随着中国农村改革的深化，在市场引导下农户按照比较利益原则进行生产，优化了农业结构（邱俊杰，2009）。改革开放以前，我国的农林牧渔业结构比较单一，从产值来看，农林牧渔业总产值基本上是以农业为主，农业产值占农林牧渔业总产值的90%以上；在农业中，又是以种植粮食作物为主，粮食作物的种植面积占农作物总播种面积的80%以上。[①]

---

①　资料来源：国家统计局网站。

1949～1977 年我国的农、林、牧、渔业产值如图 3－2 所示，农业总产值占农林牧渔业总产值比重虽然逐年降低，但仍然占 94% 以上。如图 3－3 所示，1949～1977 年，我国主要农产品的种植面积中，粮食作物的播种面积最大，其次是油料和棉花的播种面积，糖料和烤烟的播种面积较小。其中，1949 年粮食作物的播种面积占农作物播种总面积的 88.47%，1977 年粮食作物的播种面积占农作物播种总面积的 80.63%。改革开放后，我国农业结构经过三次大调整后，不仅农产品产量大幅度提升，农业种植结构不断优化，林业、

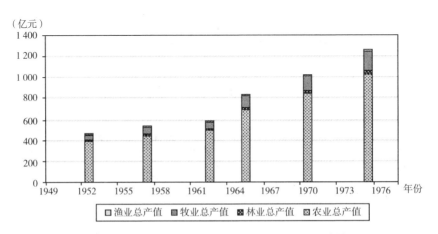

图 3－2　1949～1977 年中国农、林、牧、渔业产值

资料来源：Wind 数据库，http：//www. wind. com. cn/。

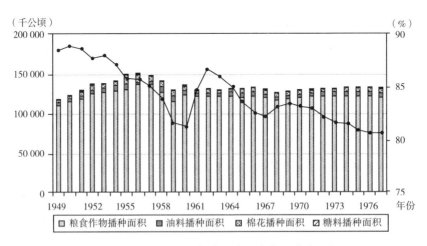

图 3－3　1949～1977 年中国主要农产品种植面积

资料来源：国家统计局，http：//data. stats. gov. cn/index. htm。

畜牧业、渔业的发展也不断加快，农业结构趋于不断优化，农业现代化的水平不断提高。

第一次农业结构调整在 1984 年，由于出现了新中国成立以后的首次卖粮难问题，针对这一全国性的现象，中央提出了"决不放松粮食生产，积极发展多种经营"的方针，率先放开了水产品和部分农产品的价格，随后又陆续放开了生猪、蔬菜、水果等农产品的价格，这一举措放活了农民的经营自主权，有效地促进了农业的发展（韩俊，2008）。

第二次农业结构调整是在 20 世纪 90 年代初期，当时全国再次出现了大范围的卖粮难现象。而造成此次卖粮难的根本原因是生产的农产品无法满足人民对农产品高品质的要求，农民增产不增收。针对这一现象，国务院提出了发展高产、高效、优质农业的决定。这一政策的发布和实施，使我国农业摆脱了过去以单纯追求农产品数量的发展模式，转而以数量与质量并重。

20 世纪 90 年代后期，进行了第三次农业结构调整。这次调整的背景是粮食连续增产而农民不增收。当时，我国已经基本缓解了主要农产品的供需问题，农民收入增长缓慢成了制约农业发展的主要因素。此前，国家于 1994 年和 1996 年两次大幅度提高了粮食订购价，总的提价幅度达到了 102%，使当时我国的粮食等农产品价格明显高于国际市场价格，然而农民增收的效果却不明显。1998 年 10 月中共十五届三中全会通过了《关于农业和农村若干重大问题的决定》，1998 年底召开的中央农村工作会议，明确提出了要将农业结构调整作为今后一段时期内农业和农村经济工作的中心任务，农业生产中的生态保护问题开始受到重视，农业结构调整的政策导向为"高产、优质、高效、生态、安全"。

经过三次农业结构调整后，农、林、牧、渔业产值结构趋于合理，农产品的产量大幅度提高，主要农产品的种植品种结构和品质结构不断优化，通过"退耕还草还林"和"天然草原生态治理"等生态工程的实施，有效地遏制了生态环境的进一步恶化。

1978 ~ 2015 年农、林、牧、渔业产值如图 3 - 4 所示。可以看出，农、林、牧、渔业产值结构趋于合理。农业产值占农林牧渔业总产值的比重呈下降趋势，1978 年农业产值占农林牧渔业总产值的 80%，2015 年农业产值占农林牧渔业总产值的 56.14% ；林业、牧业、渔业产值占农林牧渔业总产值的比重呈上升趋势，1978 年林业产值占农林牧渔业总产值的 3.44% ，2015 年林业产值占农林牧渔业总产值的 4.32% ；1978 年牧业产值占农林牧渔业总产值的 14.98% ，2015 年牧业产值占农林牧渔业总产值的 28.99% ；1978 年渔业产值占农林牧渔业总产值的 1.58% ，2015 年渔业产值占农林牧渔业总产值的 10.59% 。

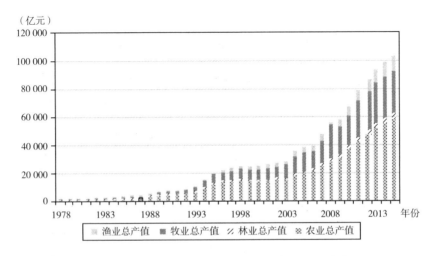

图 3 - 4　1978～2015 年中国农、林、牧、渔业产值

资料来源：Wind 数据库，http：//www.wind.com.cn/。

图 3 - 5 为 1978～2014 年主要农产品种植面积。粮食作物的种植面积占农作物总种植面积的比重呈下降趋势。1978 年粮食作物的种植面积为 120 587.2 千公顷，所占比重为 80.34% ；2014 年粮食作物的播种面积为 112 722.58 千公顷，所占比重为 68.13% 。

3.1.2.3　农业产出效益的变化趋势分析

农业现代化的进程中，不断提高农业劳动生产率和土地生产率始终是基本目标（魏巍等，2012）。由传统农业向现代农业转变的最大特征就是农业劳动生产率的提高（汪小平，2007）。1978～2012 年我国农林牧渔业劳动生产率如图 3 - 6 所示，改革开放初期，我国农林牧渔业劳动生产率增长缓慢，

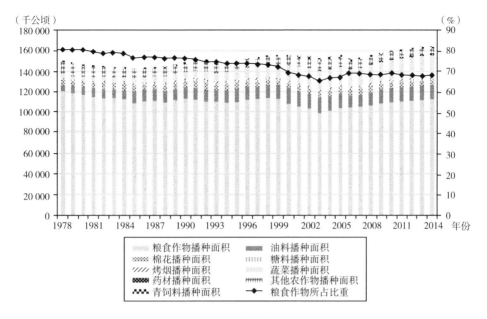

图 3 - 5 1978～2014 年中国主要农产品种植面积

资料来源：国家统计局，http：//data. stats. gov. cn/index. htm。

1978 年为 0. 049 亿元/万人，1988 年为 0. 186 亿元/万人。1992 年，实行社会主义市场经济以后，有了良好的激励机制，刺激了农民的生产积极性，农林牧渔业总产值增长较快，农林牧渔业劳动生产率有了大幅度提高，2012 年我国的农林牧渔业劳动生产率为 3. 309 亿元/万人，是 1978 年的 67 倍多。1949～

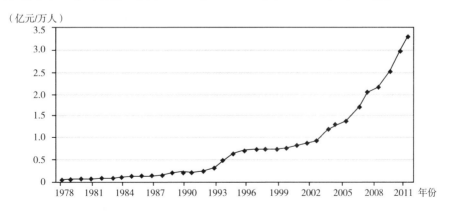

图 3 - 6 1978～2012 年中国农林牧渔业劳动生产率

资料来源：国家统计局，http：//data. stats. gov. cn/index. htm。

2014 年我国农业土地生产率如图 3-7 所示。在改革开放前，我国土地生产率增长缓慢，1949 年为 0.03 亿元/公顷，1977 年为 0.13 亿元/公顷，经过 28年，土地生产率仅提高了 0.1 亿元/公顷。改革开放后，各项农业政策和措施的实施，调动了农民种粮积极性，土地生产率稳步提高，尤其是 20 世纪 90年代后期的农业结构不断调整，使土地生产率有了大幅度提高。1978 年土地生产率为 0.11 亿元/公顷，2014 年为 4.06 亿元/公顷，与改革开放初期相比，土地生产率提高了近 37 倍。

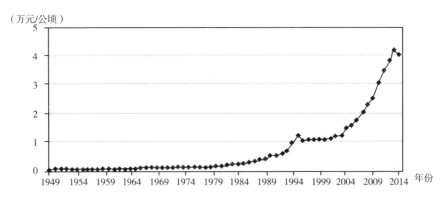

图 3-7　1949～2014 年中国农业土地生产率

资料来源：国家统计局，http：//data. stats. gov. cn/index. htm。

3.2　中国金融发展对农业现代化的影响

3.2.1　新中国成立以来金融体系的演变

3.2.1.1　改革开放之前的金融体系

1948 年 12 月 1 日，为了能够方便货币流通、统一货币，尽快恢复生产，当时的华北人民政府将华北银行、北海银行、西北农民银行三家银行合并成为中国人民银行，中国人民银行的成立不仅标志着中国社会主义金融体系的初步建立，同时也标志着我国银行业发展到了一个统一的正规的新阶段（王广谦，2008）。

1953 年，我国建立了高度集中的国家银行体系，这种模式一直延续到 1978 年改革开放，在这个阶段，中国人民银行是我国唯一的金融机构，从中央到地方都分布着中国人民银行的分支机构，不仅从事着信贷政策制定、金融管理，还从事存贷款、结算、现金出纳等具体业务（王广谦，2008）。在这期间，虽然曾经先后成立了中国农业银行、中国建设银行、中国人民保险公司等金融机构，但是这些金融机构从本质上都是隶属于中国人民银行。

在这一时期，我国实行社会主义计划经济体制，当时金融业的发展模式正是与经济体制相适应的，主要特点为机构单一、业务范围狭窄、管理体制高度集中，总体来看，当时我国的金融体系发展不健全，金融体系在国民经济建设中所发挥的作用有限，金融业在国民经济中的地位不高（王广谦，2008）。

3.2.1.2 起步阶段的金融体系

1978 年，随着我国改革开放，我国的金融改革逐步开展起来。1978 ~ 1984 年，我国的金融改革处于起步阶段，在这一阶段最主要的特征就是金融体系从改革开放以前的单一发展模式向多元化发展，相继成立、恢复或者独立运营了中国农业银行、中国银行、中国工商银行，其中各行的主要业务和职能如表 3 - 1 所示。

表 3 - 1　　　　　　　　1978 ~ 1984 年中国各银行主要业务及职能

名称	主要业务及职能
中国人民银行	不再直接经营商业银行业务，独立行使信贷管理和货币发行权
中国农业银行	负责统一管理支农资金，集中办理农村信贷，发展农村信贷业务
中国银行	统一经营和集中管理全国的外汇业务
中国建设银行	拨改贷业务，利用吸收存款发放基本建设贷款，重点支持为生产国家急需的短线产品而进行的挖潜改造工程，并发放城市综合开发和商品房建设贷款
中国工商银行	承办原来由中国人民银行办理的工商信贷和储蓄业务

资料来源：作者整理。

3.2.1.3 金融改革初见成效阶段

1985 ~ 1996 年，在这一阶段，我国金融改革初见成效，改革成果不断巩固，金融体系逐渐向市场化转变，主要体现在金融机构、金融管理制度、金融市场和外汇市场都有了长足的发展，为金融市场化奠定了良好的基础。

随着金融改革的不断深入，我国的金融体系也不断完善。主要体现在非银行金融机构、保险、证券、信托投资公司等多元化金融机构的设立和发展等，如表 3 - 2 所示。

表 3 - 2　　　　　　　　1985~1996 年中国新增各类金融机构

名称	金融机构	职能
非银行金融机构	农村信用社、城市信用社、城市商业银行	我国银行体系的必要补充，便捷了人民生活
保险市场	1980 年，中国人民保险公司恢复国内保险业务；1988 年，先后设立中国太平洋保险公司、中国平安保险公司、新疆建设兵团农牧业保险公司、天安保险股份有限公司、上海大众保险有限责任公司；1995 年，成立中国人民保险（集团）公司，下设三个子公司：中保财产保险有限公司、中保人寿保险有限公司、中保再保险有限公司	扩大了保险的范围，具体化了保险的业务
金融市场	1990 年，上海证券交易所和深圳证券交易所成立，并规范了信托投资公司、财务公司和各种外资银行；启动了同业拆借市场、票据市场	丰富了金融市场
金融管理制度	1994 年，成了国家开发银行、中国进出口银行、中国农业发展银行	金融管理制度实现市场化
外汇管理体制	1985 年，深圳设立了中国第一个外汇调剂中心；1988 年各省、自治区和直辖市都设立了外汇调剂中心；1994 年，中国外汇交易总中心在上海成立	开始办理外汇调剂业务，并且银行间外汇市场正式运行

资料来源：作者整理。

3.2.1.4　金融深化阶段的金融体系

1997~2017 年，我国金融市场化程度不断加深，多元化金融机构体系逐步完善，金融业务不断创新，金融制度进一步深化，金融监管不断健全。主要体现为建立了资产管理公司，对不良资产进行了剥离；建立了分业监管机构，2003 年成立了中国人民银行金融监督管理委员会；2005 年开始，对国有银行进行改革，逐渐将国有银行转变成为商业银行。具体情况如表 3 - 3 所示。

表 3 - 3　　　　　　　　1997～2017 年中国金融体系的发展

特点	内容
建立金融资产管理公司，启动资产证券化，剥离不良资产	1999 年先后成立四家金融资产管理公司信达、东方、长城、华融，剥离不良资产
建立金融业分业监管机构	1992 年 10 月，国务院成立国务院证券委员会和证券监督管理委员会，并于 1998 年撤销了证券委，其工作交由证监会负责；1998 年成立中国保险监督管理委员会；2003 年 4 月，成立中国人民银行金融监督管理委员会
资本市场扩容，加速发展	1996 年 12 月 1 日，我国实现人民币在经常项目下自由兑换，提高了我国经济的开放程度。2003 年 5 月，证监会批准瑞士银行有限公司和野村证券株式会社，成为中国证券市场首批合格境外机构投资人
国有银行股份制改革，转向商业化	2005 年 10 月，中国建设银行在香港主板上市；2006 年 6 月，中国银行上市；2006 年 10 月，中国工商银行上市；中国农业银行于 2010 年上市

资料来源：作者整理。

这个阶段是中国金融体系的深化阶段，逐步建立和完善了由银行等金融机构、非银行金融机构、保险市场、证券市场、金融监管等多位一体的金融体系。

3.2.2　不同时期的金融发展对农业现代化的影响

从新中国成立初期到进入 21 世纪之前，我国采取了工业发展优先战略。农业获得的资金支持较少，严重制约了农业的发展。

（1）改革开放以前，金融发展对农业现代化的影响。新中国成立初期，国内外政治经济形势还处于动荡之中。1949～1978 年这一时期，我国的经济发展战略主要是以计划经济为主导，一方面备战，另一方面以赶超西方国家为目标的重工业发展优先战略。这一时期，我国农业的生产关系经历了社会主义萌芽时期的互助组形式、具有半社会主义性质的农业生产合作社形式、完全社会主义的"集体所有制"的高级农业生产合作社形式、大集体所有制的人民公社形式和三级所有队为基础的生产队所有形式。这个阶段的特点是没有良好的激励机制、不能够充分调动农民的生产积极性，粮食产量低，现有的农业生产关系难以适应农业生产力的发展，极大地制约了农业的发展。

另外，在这一时期，采取统购统销的制度，禁止粮食自由买卖，农业的生产和销售没有任何自主性。国家征购的增长高于粮食产量的增长，而国家征购的增长又赶不上对粮食需求的增长。1953 年，需要国家供应商品粮的人口为 24 788 万人，需要商品粮总数为 659 亿斤（粮食部计划司统计资料，粮食部资料室，1954 年），此外还有军粮和出口粮食。1953 年，国家征购粮食 721 亿斤，和 1952 年相比，产量只增加 1.44%，而征购数量却提高了 20.1%。国家从农民手中拿走的粮食（公粮加上收购），1950 年占产量的 13.45%，1953 年增加到 21.74%。这是统购统销以前的数据，在以后的年代，这个比重继续大幅度提高。

按照现价计算，1952 ~ 1977 年，我国工业的总产值增长了 11.58 倍，农业总产值增长了 2.75 倍，工业发展速度是农业发展速度的 4.2 倍。1952 ~ 1977 年我国工业和农业的总产值如图 3 - 8 所示。

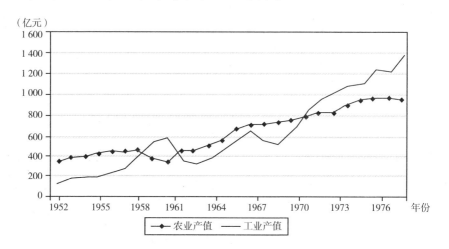

图 3 - 8　1952 ~ 1977 年中国工业和农业总产值

资料来源：Wind 数据库，http://www.wind.com.cn/。

因此，这一阶段，在政府所实行的计划经济体制下，重工业优先发展，我国的农业发展被严重制约，同时也几乎没有金融需求。这一时期，我国的金融发展都是为了执行政府的经济发展战略而为重工业发展服务的，经济结构也处于非均衡状态。

（2）有计划的商品经济时期，金融发展对农业现代化的影响。党的十一届三中全会召开后，我国转变了经济发展战略，这个时期的经济发展战略调整为以经济建设为中心，以市场为导向，以稳步发展和加快对外开放为基本特征（朱颜等，2014）。改革开放以来，"阶梯式的区域发展战略"虽然促进了我国经济的持续增长，但是使我国区域差距逐渐扩大，城乡二元结构不断加深，同时经济结构失衡，尤其是产业发展极为不均衡，1978～1991年期间，金融发展对工业的促进作用远远大于农业，农业的发展远远落后于工业。图 3 - 9 为 1978～1991 年中国工业和农业总产值。可以看出，1978～1991年，我国工业产值的增长速度仍然远远大于农业产值的增长速度。

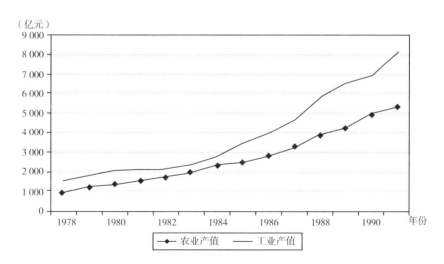

图 3 - 9　1978～1991 年中国工业和农业总产值

资料来源：Wind 数据库，http：//www.wind.com.cn/。

我国的重工业发展优先战略使农业部门成为工业化资金的提供者，与此相适应，农村金融也成为向城市工业部门进行单向资本流动的载体（王曙光，2010）。系统性负投资指的是银行等金融机构从某地区所发放的信贷与从该地区所获得的储蓄之间的差额。数据分析表明，改革开放以来，在我国的农村地区存在着严重的系统性负投资现象。活跃在农村的金融机构如中国农业银行、农村信用社和邮政储蓄系统都不同程度地从农村储蓄中吸纳了大量资金，却没有相应地向农村和农业发展提供同比例的贷款，以农村信用社为例，农村信用社所吸纳的存款项目主要包括：集体农业存款、乡镇企业存款、农户储蓄存款和其他存款；所发放的贷款项目主要包括：集体农业贷款、乡镇企业贷款和农户贷款（王曙光，2010）。从1978～1991年，存款余额远远大于贷款余额，具体数据如图3-10所示。

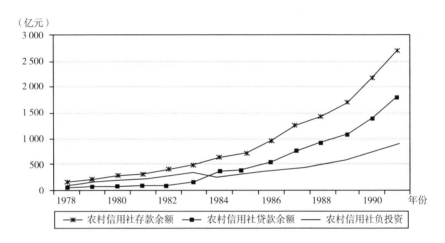

图3-10　1978～1991年中国农村信用社系统负投资

资料来源：Wind数据库，http://www.wind.com.cn/。

系统性负投资现象的存在使农业的发展受到资金匮乏的制约。虽然改革开放以来，我国的金融发展水平不断提高，但是农业的发展却依然受到资金的约束，很难从金融发展水平的提高中获益。

（3）社会主义市场经济时期，金融发展对农业现代化的影响。社会主义市场经济初期：1992年10月的中共十四大上明确提出了以建立社会主义市场经济体制为目标，加快改革开放的步伐。随后在1993年11月的中共十四届三中全会审议通过《关于建立社会主义市场经济体制若干问题的决定》，将中共十四大提出的经济体制改革目标和原则具体化，明确了建立社会主义市场经济体制的基本任务和要求。

社会主义市场经济体制的确立，使市场在资源配置中开始发挥基础性作用，建立了统一的、开放的市场经济体系，为我国实现持续的经济增长奠定了基础。"系统性投资"现象不仅没有缓解反而有所加剧。数据表明，1994

年农村地区金融机构的系统性负投资额为 1 234.7 亿元，该数据到 2005 年已经上升为 11 378.46 亿元，在 11 年间，"系统性负投资"增长了近 10 倍（孙孝汉，1994）。这期间，大批国有金融机构从农村地区撤并网点，农业发展旺盛的金融需求难以满足，严重制约了农业发展。

1992～2003 年中国农村信用社的系统性负投资如图 3－11 所示（由于数据的可获得性，数据截止时间为 2003 年）。可以看出与 1978～1991 年相比，中国农村信用社的系统性负投资额呈上升趋势，上升幅度更大，说明在这期间，农村信用社组委农村金融机构，从农村地区吸走了更多资金，投资其他产业的建设。

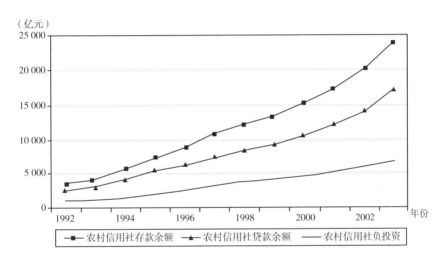

图 3－11　1992～2003 年中国农村信用社系统负投资

资料来源：Wind 数据库，http://www.wind.com.cn/。

另外，从 1992～2005 年间中国对工业和农业的贷款差额可以看出，这期间银行为工业发展所提供的资金远远大于农业，如图 3－12 所示。可以看出，1992 年中国的农业贷款为 8 847.21 亿元，2005 年中国的农业贷款为 16 652.26 亿元，13 年来，农业贷款额只是增加到了 1.88 倍；1992 年中国的工业贷款为 67 778.19 亿元，2005 年中国的工业贷款为 192 255.40 亿元，13 年来，工业贷款额增加到了 2.84 倍；从总量来看，1992 年工业贷款的总量是农业贷款总量的 7.66 倍；2005 年工业贷款的总量是农业贷款总量的 11.55 倍。

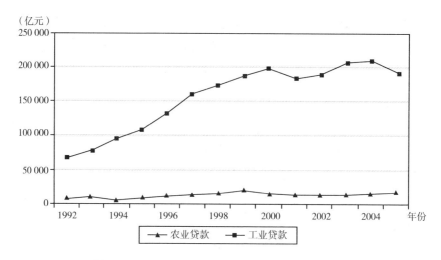

图 3 - 12 1992～2005 年中国工业贷款和农业贷款

资料来源：Wind 数据库，http：//www.wind.com.cn/。

总体来看，农业并没有因为中国市场经济体制的确立而分享改革的红利，反而是工业占有了大部分资金资源，结果在大量的资金支持下，工业产值一直快速上升，而缺乏资金支持的农业，其产值则上升缓慢，如图 3 - 13 所示。1992 年中国的农业总产值为 5 800.30 亿元，工业总产值为 10 340.50 亿元，工业总产值为农业总产值的 1.78 倍，而工业发展速度和农业发展速度的差距

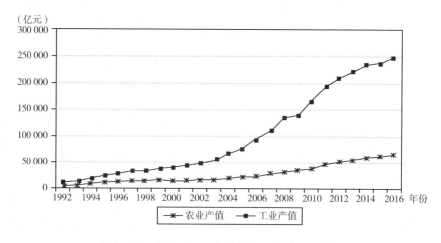

图 3 - 13 1992～2005 年中国工业和农业总产值

资料来源：Wind 数据库，http：//www.wind.com.cn/。

一直呈扩大趋势，2005 年中国的农业总产值为 21 806.70 亿元，工业总产值为 77 960.50 亿元，工业总产值为农业总产值的 3.56 倍。

2005 年以后，随着国家对农业的重视程度不断加深和国家经济发展战略的转变，金融监管部门相继推出了一系列的措施促进农业发展。2014 年、2015 年中央"一号文件"和《国务院办公厅关于金融支持"三农"发展的若干意见》的发布，对健全农村金融服务体系、金融支持"三农"发展都做出了重要的部署，政策上以支持农业可持续和转变农业发展方式为出发点，适应农业发展特性，充分发挥政策性金融、商业性金融和合作金融的作用，建立多层次的农村金融体系，为实现中国由传统农业向现代农业的转变提供了资金保障。我国的金融机构涉农贷款余额如图 3 - 14 所示（由于数据的可获得性，数据区间为 2010 ~ 2014 年）。可以看出，2010 ~ 2014 年，我国的金融机构本外币涉农贷款余额上升速度较快，短短的 5 年间，2014 年金融机构本外币涉农贷款余额已经是 2010 年的 2 倍多。

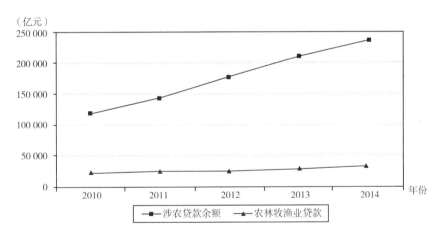

图 3 - 14　2010 ~ 2014 年中国金融机构涉农贷款余额

资料来源：Wind 数据库，http://www.wind.com.cn/。

在金融机构本外币涉农贷款中，分机构来看，农村信用社仍然起到了主力军的作用，涉农贷款余额远远高于其他金融机构，但是从贷款数量来看，呈缓慢下降趋势；在所有金融机构中，中资小型银行的涉农贷款余额的数量上升速度最快（见图 3 - 15）。

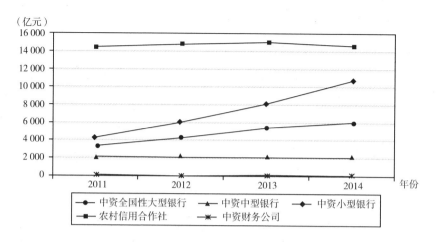

图 3 - 15　2011 ~ 2014 年中国各金融机构涉农贷款余额

资料来源：Wind 数据库，http://www.wind.com.cn/。

在中资小型银行中，农村合作银行是由辖内农民、农村工商户、企业法人和其他经济组织入股组成的股份合作制社区性地方金融机构，主要任务是为农民、农业和农村经济发展提供金融服务。目前已经不再组建农村合作银行，农村合作银行要全部改制为农村商业银行，并鼓励符合条件的农村信用社改制组建为农村商业银行。全国农村信用社资格股占比已降到 30% 以下，已组建农村商业银行约 303 家、农村合作银行约 210 家，农村银行机构资产总额占全国农村合作金融机构的 41.4%。另外，还有 1 424 家农村信用社已经达到或基本达到农村商业银行组建条件。[①] 村镇银行是指经中国银行保险业监督管理委员会依据有关法律、法规批准，由境内外金融机构、境内非金融机构企业法人、境内自然人出资，在农村地区设立的主要为当地农民、农业和农村经济发展提供金融服务的银行业金融机构。村镇银行的建立，有效填补了农村地区金融服务的空白，增加了农村地区的金融支持力度。2006 年 12 月 20 日，银监会出台了《关于调整放宽农村地区银行业金融机构准入政策更好支持社会主义新农村建设的若干意见》，提出在湖北、四川、吉林等 6 个省（区）的农村地区设立村镇银行试点，全国的村镇银行试点工作从此启动。村镇银行可经营吸收公众存款，发放短期、中期和长期贷款，办理国内结算，

---

①　资料来源：Wind 数据库。

办理票据承兑与贴现，从事同业拆借，从事银行卡业务，代理发行、代理兑付、承销政府债券，代理收付款项及代理保险业务以及经银行业监督管理机构批准的其他业务。按照国家有关规定，村镇银行还可代理政策性银行、商业银行和保险公司、证券公司等金融机构的业务。

从各中资小型银行的涉农贷款数量来看，2011 年村镇银行的涉农贷款额为 271.15 亿元，比农村商业银行和农村合作银行的涉农贷款额都少，农村商业银行为 1 806.56 亿元，农村合作银行为 1 629.01 亿元。一方面，随着农村合作银行逐渐改制成为农村商业银行，农村合作银行的涉农贷款额逐年下降，2014 年为 1 102.00 亿元；另一方面，随着农村商业银行和村镇银行的蓬勃发展，涉农贷款额逐年上升，其中农村商业银行的涉农贷款额上升速度较快，2014 年为 7 057.00 亿元，接近于 2011 年的 4 倍，村镇银行 2014 年的涉农贷款额为 1 213.00 亿元，此数值已经超过了同期农村合作银行的涉农贷款额（见图 3 - 16）。

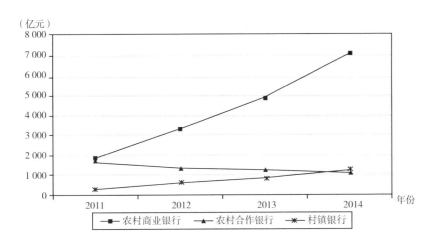

图 3 - 16　2011 ~ 2014 年中国各中资小型银行涉农贷款余额

资料来源：Wind 数据库，http：//www.wind.com.cn/。

3.3　本 章 小 结

本章首先分析了新中国成立以来中国农业现代化的进程，对新中国成立至今中国的农业现代化进程进行了分阶段论述，并参考《全国农业现代化规划（2016~2020 年)》中对农业现代化发展的界定，本书选取农业综合生产能力、农业结构调整和农业的产出效益等指标分析了新中国成立初期至 2016 年中国农业现代化的建设成效；其次，对新中国成立以来我国的金融体系的演变进行了简要分析；最后，重点论述了新中国成立后在不同的经济发展时期，政府所采用的不同的经济发展战略及金融发展对农业现代化的不同影响。

第4章
金融发展和农业现代化的
测度与综合评价

本章通过构建农业现代化评价指标体系和金融发展评价指标体系，对中国 31 个省份的金融发展水平和农业现代化水平进行综合评价，了解中国 31 个省份的金融发展水平和农业现代化水平。

4.1 评价指标体系的构建原则

（1）客观性。在指标体系构建过程中，首先要考虑的是客观性原则。要求所选取的指标和所确定的权重可以客观地反映农业发展规律的农业发展水平，尽量降低评价者对指标和权重的主观影响（齐城，2009）。

（2）综合性。综合性原则要求指标选取过程中要兼顾典型代表指标的选取和关联指标的选择（蒋和平等，2005），通过评价指标体系的构建，能够综合反映出我国不同时期农业的发展水平和特征。

（3）可操作性。所选取的指标应该具有较强的可操作性和实用性，指标尽量选择定量指标，可以在统计年鉴等相关资料上获得统计数据，相关指标易于计算合成，以降低数据收集、数据整理和后期评价体系计算的难度。

（4）前瞻性。无论是金融发展还是农业现代化都是一个动态过程，因此对金融发展水平和农业现代化水平的评价也应该是动态变化的，由于社会经济不同的发展时期，随着政治、经济、人口、资源等条件的变化，对金融发展和农业现代化的要求也有所变化，这就要求对评价指标体系的设计既能够检验过去金融和农业现代化的发展水平、了解当前金融和农业现代化发展的现状，又要求能够在一定程度上反映未来金融发展和农业现代化的发展趋势和方向。

4.2　农业现代化评价指标体系的构建

农业现代化评价指标体系是指由农业现代化各方面特性及其相互联系的多个指标，所构成的具有内在结构的有机整体。通过构建农业现代化评价指标体系可以评价农业现代化的整体水平，纵向比较一个国家或地区不同时期、横向比较不同国家或地区的农业现代化水平。

农业发展在整个社会经济可发展中发挥着核心作用（Kanter et al.，2016）。农业不仅提供了人类生存的必需品，同时还是人类社会和自然界之间联系的纽带。人类现在进行的农业生产活动中，不仅深受自然的影响，同时反过来又影响着自然的发展。在联合国《2030 年可持续发展议程》中提出一整套可持续发展的目标，即"创建一个没有贫困、饥饿、疾病、匮乏并适于万物生存的世界""一个有充足、安全、价格低廉和营养丰富的粮食的世界""一个以可持续的方式进行生产、消费和使用从空气到土地、从河流、湖泊和地下含水层到海洋的各种自然资源的世界"（United Nations，2015），等等，农业的发展与这些目标的实现都息息相关。同样，联合国经济和社会理事会在 2016 年所制定的可持续发展的评价指标中也将结束饥饿和贫困、改善人类福祉和减少对环境的影响等作为重要的指标加以评价。目前，全球有近 40% 的陆地面积用于农业（Dobermann et al.，2013），近 3/4 的淡水资源用于农业生产（HLPE，2012；Pretty et al.，2006）。农业生产导致了土地用途的改变和温室气体的排放（Powlson and Stirling，2014），不仅促使了全球气候的变化同时还使农业本身也深受气候变化的影响（Vermeulen et al.，2012）。此外，世界上约有 3/4 的最贫困人口都生活在农村地区，农业是其就业、收入和生活的主要来源。

4.2.1　构建思路

在中国当前居民消费结构升级、资源环境约束趋紧、国内外农产品市场深度融合和经济发展速度放缓、动力转换等背景下，中国的农业现代化是一个不断动态发展的过程，具有复杂的系统性，因此，在对农业现代化水平进行评价时，由于单一的指标所包含的信息量有限，选取单一的指标无法客观、科学、概括性地综合反映出一个国家或地区在某一时期的农业现代化整体水平。

在综合国内外学者研究的基础上，以《全国农业现代化规划（2016～2020 年）》中的"十三五"农业现代化主要指标为基础，考虑数据的可获取性，确定农业现代化的评价维度，有针对性地初步选取可以综合反映农业现代化水平的指标。

然后利用主成分分析法对所构建的评价指标体系中的各指标赋权重。当前，赋权重的主要方法有主观赋权法和客观赋权法，主成分分析法属于客观赋权法的一种，相比较于主观赋权法，采用主成分分析法对指标赋权重，可以最大限度地降低人为的主观因素对结果的客观性的影响，因此，本书拟采用主成分分析法计算各指标的权重，并计算综合得分，对中国 31 个省份的农业现代化水平进行综合评价。

4.2.2　农业现代化评价指标的选取

依据评价体系构建的原则，综合了以往的学者和机构对农业评价指标体系构建的已有研究，本书以《全国农业现代化规划（2016～2020 年）》中的"十三五"农业现代化主要指标为基础，初步建立包含农牧业发展水平、林业发展水平、渔业发展水平、产出效益、技术装备水平、规模经营水平 6 个维度 28 个指标的农业现代化评价体系。

（1）农牧业发展水平。中国是拥有 13 亿人口的人口大国，农牧业的发展是人民生活食物来源的基本保障。经历过 1959～1961 年严重困难时期的一代人一直对食不果腹的痛苦记忆犹新。因此，对农牧业发展水平的评测也是对我国农业发展进行评价的基础。这个维度所选取的指标有：农林水事务财政支出、农业机械总动力、有效灌溉面积、农作物播种面积、粮食播种面积、油料播种面积、化肥施用量、农药施用量、农用塑料薄膜使用量、粮食产量、肉类产量、农业增加值、牧业增加值。

农林水事务财政支出：农业在整个国民经济中处于基础地位，又由于农业本身的弱质性，财政的支持和保护对农业发展有着重要的作用（何振国，2006）。农业保险的经济补偿作用和再分配功能可以有效地增加我国农业抗风险能力。

农业机械总动力：农业机械总动力指主要用于农、林、牧、渔业的各种动力机械的动力总和。包括耕作机械、排灌机械、收获机械、农用运输机械、植物保护机械、牧业机械、林业机械、渔业机械和其他农业机械。张超等（2014）、陈建国等（2009）利用农业机械化水平指标作为衡量农业投入水平的指标之一；杨霞（2011）在对我国 31 个省份的现代农业发展水平进行评价时，利用农业机械总动力作为衡量农业科技水平的指标；周亚莉和袁晓玲（2010）在其所构建的陕西省现代农业发展水平评价指标体系中，运用农业机械总动力作为评价现代化生产水平的指标之一；相广芳等（2009）利用农业机械总动力指标反映了农业基本建设水平；张友良（2008）利用农用机械总动力反映现代农业技术水平指标；刘晓越（2004）、易军和张春花（2005）、李林杰和郭彦锋（2005）利用此指标作为反映农业生产水平的指标之一。

有效灌溉面积：在一般情况下，有效灌溉面积应等于已经配备灌溉工程或设备的、能够进行正常灌溉的水田和水浇地面积之和，它是反映我国耕地抗旱能力的一个重要指标。于平福等（2008）、俞姗（2010）、尚正永（2007）、徐贻军和任木荣（2009）、赵洪亮等（2012）、陈建国等（2009）、蒋和平等（2005）、林正雨等（2014）都用有效灌溉率或有效灌溉面积指标作为农业投入水平的指标之一。易军和张春花（2005）、郭冰阳（2005）、谭爱花等（2011）、卢方元和王茹（2013）利用有效灌溉率作为衡量农业生产条件或物质装备的指标之一。

人均粮食产量的计算公式为：人均粮食产量＝粮食总产量/人口总数。佟光霁和张晶辉（2014）用人均粮食产量作为指标之一衡量多功能农业发展水平评价，衡量社会功能。程智强（1999）把人均粮食产量作为衡量农业产出的指标。本书选用此指标作为衡量粮食供给保障的指标之一，因为从供给保障的角度，不仅要从总量上保障人民生活的需求，更重要的是对人均粮食产量的保障。随着我国人口老龄化和人口总数的变化，粮食总产量可以相应地调整生产中的投入水平。

其中，农林水事务财政支出、农业机械总动力、有效灌溉面积、农作物播种面积、粮食播种面积、油料播种面积反映了从基础设施上，农业生产过程中的投入水平，这是农业发展的基础；化肥施用量、农药施用量和农用塑料薄膜使用量三个指标反映了农用物资在农业上的投入；粮食产量、肉类产量、农业增加值、牧业增加值反映了农牧业的产出水平。本维度利用以上 13 个指标分别反映了农牧业的投入和产出水平，综合反映农牧业发展水平。

（2）林业发展水平。本维度选取林业增加值和森林覆盖率两个指标综合反映林业发展水平。

（3）渔业发展水平。本维度选取水产品养殖面积、水产品产量和渔业增加值三个指标综合反映渔业的发展水平。水产品养殖面积一定程度上反映了渔业的投入，水产品产量和渔业增加值两个指标反映了渔业的产出水平。

（4）产出效益。本维度选取农业劳动生产率、耕地综合产出率、农村居民家庭人均纯收入、农业成灾率和农业保险深度综合反映农业的产出效益。

农业劳动生产率：农业生产率的提高，是实现从传统农业向现代农业转变，农业进一步发展的基础，有利于增强农业的综合竞争能力，同时也是提高产出效益的重要条件。一般情况下，经济发达地区的劳动投入相对较少，而资本投入的比重相对较大，从而，农民在耕种土地时，更追求劳动生产率的提高；而在经济发展相对较差的地区，往往资本投入相对较少，劳动投入成本较多，这些地区的农民在耕种土地时更多地追求土地生产率的提高（陈瑜琦、李秀彬，1980）。胡浩和张锋（2009）、程智强等（2001）、杨敏丽和白人朴（2004）、白人朴（2004）、马广和应义斌（2001）、苏昕等（2014）分别从农业生物化学技术的应用、农业机械化的应用、农业产出增长的贡献率、农业家庭的适度规模以及农业工程技术的应用等多个角度，阐述了将现代科学技术装备和管理运用于农业对提高农业劳动生产率所发挥的重要作用。该指标计算公式为：农业劳动生产率＝农林牧渔业总产值/农林牧渔业从业人员。

耕地综合产出率：该指标的计算公式为，耕地综合产出率＝农业增加值/耕地面积×100%，用来衡量土地的产出效益。

农村居民家庭人均纯收入：促进农民增收是现代农业发展的目标之一，长期以来，我国农民收入水平一直低于城镇居民，因此，衡量农民收入的高低也是衡量我国现代农业发展水平的重要指标之一。齐城（2009）运用农民人均收入等指标衡量现代农业发展水平评价指标体系中的经济效益；易军和张春花（2005）、李林杰和郭彦锋（2005）、郭冰阳（2005）、于平福等（2008）、相广芳等（2009）、傅晨（2010）、谭爱花等（2011）、赵洪亮等（2012）、卢方元和王茹（2013）利用农民人均收入等指标衡量农民生活水平；葛立群等（2009）、徐贻军和任木荣（2009）、俞姗（2010）、林正雨等（2014）利用农民人均纯收入等指标衡量现代农业发展水平评价指标体系中的农村社会发展水平；刘晓越（2004）、蒋和平等（2005）、陈建国等（2009）利用农村居民人均纯收入等指标评价农业产出水平；"农业现代化评价指标体系构建研究"课题组（2012）对2010年江苏省农业基本现代化水平进行评价时用农民人均纯收入等指标评价农业产出效益；韩士元（1999）利用农村人口人均年收入等指标对农业现代化的内涵及标准进行评价；程智强（1999）在建立上海农业可持续发展指标体系时，利用农民家庭人均年纯收入等指标衡量经济可持续性和社会可持续性；山世英（2002）、辛俊等（2010）、陈国生和赵晓军（2011）、曹执令（2012）、高鹏和刘燕妮（2012）利用农民人均纯收入等指标衡量农业经济系统的可持续性；赵莹雪（2002）、彭晓洁（2011）利用农民人均纯收入等指标衡量农村社会发展的可持续性。在从不同角度对农业发展水平进行评价时，众多学者都采用了农民人均纯收入这一指标。从农业效益的角度来看，农业效益包含社会效益、经济效益和生态效益，而农民收入水平是提高农业社会效益和经济效益的主要衡量指标，因此，本书利用农村居民家庭人均纯收入衡量农业的效益。

（5）技术装备水平。本维度选取农业科技进步贡献率和农作物种收综合机械化率综合反映农业技术装备的投入水平。

（6）规模经营水平。本维度选取多种形式土地适度规模经营占比、畜禽养殖规模化率和水产健康养殖示范面积比重综合反映农业的规模经营水平。

4.2.3 农业现代化评价指标体系概览

根据以上所选取的指标，构建农业现代化评价指标体系如表4-1所示。包含农牧业发展水平、林业发展水平、渔业发展水平、产出效益水平、技术装备水平、规模经营水平6个维度28个指标。

表4-1 　　　　　　　　　农业现代化评价指标体系

指标维度	指标	指标简称
农牧业发展水平	地方公共财政支出农林水事务	AGAN1
	农业机械总动力	AGAN2
	有效灌溉面积	AGAN3
	农作物总播种面积	AGAN4
	粮食作物播种面积	AGAN5
	油料播种面积	AGAN6
	化肥施用量	AGAN7
	农药使用量	AGAN8
	农用塑料薄膜使用量	AGAN9
	粮食产量	AGAN10
	肉类产量	AGAN11
	农业增加值	AGAN12
	牧业增加值	AGAN13
林业发展水平	森林覆盖率	FORE1
	林业增加值	FORE2
渔业发展水平	水产品养殖面积	FISH1
	水产品总产量	FISH2
	渔业增加值	FISH3

指标维度	指标	指标简称
产出效益水平	农业劳动生产率	PERF1
	耕地综合产出率	PERF2
	农村居民家庭人均纯收入	PERF3
	农业成灾率	PERF4
	农业保险深度	PERF5
技术装备水平	农业科技进步贡献率	TECH1
	农作物种收综合机械化率	TECH2
规模经营水平	多种形式土地适度规模经营占比	SCAL1
	畜禽养殖规模化率	SCAL2
	水产健康养殖示范面积比重	SCAL3

4.3 金融发展评价指标体系的构建

金融发展表现为发展中国家的金融深化过程和发达国家的金融创新过程，这两种发展形式是内在一致的，也就是金融自由化过程（米军，2012）。依据金融发展评价指标体系的构建原则，综合国内外学者对金融发展进行评价的已有研究成果和本书的研究目的，本书以世界银行全球金融发展数据库中，对金融发展所划分的金融机构和金融市场的金融深度、金融广度、金融效率、金融稳定性维度为依据构建金融发展指标体系。

4.3.1 构建思路

改革开放以来，中国经济快速增长，金融资产规模不断扩大，金融结构不断优化，金融深度进一步延伸。伴随着这种快速发展，我国各地区的金融发展水平也表现出明显差异，金融资源配置不均衡性日益加剧，具体表现为：东部地区发展迅速，金融资产规模较大，资源配置效率较高，而中西部地区尤其是西部地区发展较为缓慢，资源配置效率相对较低。

在综合国内外学者研究的基础上，考虑数据的可获取性，确定金融规模、金融结构、金融深度和金融基础作为金融发展的评价维度，有针对性地初步选取可以综合反映金融发展水平的指标。

然后利用主成分分析法对所构建的评价指标体系中的各指标赋权重。采用主成分分析法对指标赋权重，可以最大限度地降低人为的主观因素对结果客观性的影响，因此，本书拟采用主成分分析法计算各指标的权重，并计算综合得分，对中国 31 个省份的金融发展水平进行综合评价。

4.3.2　金融发展评价指标的选取

以金融发展理论为基础，综合以往学者的研究成果，本书选取金融规模、金融结构、金融深度、金融基础四个维度，对金融发展水平进行综合评价。

（1）金融规模。综合以往学者的研究成果，本书选取金融业增加值、金融机构营业网点数、金融机构资产总额、农村合作机构营业网点数、农村合作机构营业网点从业人数、农村合作机构营业网点资产总额、农户储蓄存款余额、金融业就业人员、年末国内上市公司数 9 个指标用来衡量金融规模。

金融业增加值是金融业从事金融中介服务及相关金融附属活动而新创造的价值，是一定时期内金融业生产经营活动最终成果的反映。在以往的研究中，针对金融业增加值指标的性质，通常用该指标衡量金融总量规模。梁小珍等（2011）从经济发展、金融发展、金融环境、人力资本、基础支持五个方面出发，建立了包含 45 个指标在内的金融竞争力评价指标体系，并采用熵权法、灰色关联分析法、主成分分析法等对我国 21 个大中城市的金融竞争力进行了评价，再运用 Kendall 协同系数检验法对三种方法评价结果的一致性进行了检验，在其所构建的指标体系中，利用金融业增加值作为指标之一衡量金融发展水平。丁艺等（2009）将金融集聚程度评价指标体系划分为三个层次：目标层、准则层和因子层。其中，目标层即为金融集聚，准则层包括金融总体规模、银行业、证券业、保险业四个方面，金融业增加值、金融机构资产总额为衡量金融总体规模的指标之一。郑少智和黄梦云（2015）利用因子分析法构建了包含金融规模、金融结构、金融效率三个维度的省域金融发展综合评价指标体系，金融业增加值作为指标之一用来衡量金融规模。

徐璋勇和封妮娜（2008）利用因子分析法对中国省域金融发展差异进行了综合评价，在其所构建的指标体系中利用金融机构资产总额作为衡量金融总量的指标之一。丁艺等（2009）利用金融机构资产总额作为衡量金融总体规模的指标之一。殷克东和孙文娟（2010）利用多指标综合评价法，即层次分析法、熵值法、主成分分析法、灰色关联度分析法对沿海 8 个省市的金融发展水平进行了评价，其选取了金融机构从业人员数、上市公司数量作为衡量金融规模的指标。董金玲（2009）利用因子分析法对江苏区域金融发展进行评价，在其构建的指标体系中，金融机构网点数、金融从业人员数、上市公司数量为衡量金融规模的指标。袁云峰和黄炳艺（2010）利用聚类分析、因子分析法研究了金融发展对地区经济增长的推动作用，在其所构建的金融发展指标体系中，利用上市公司数量衡量金融发展规模。刘翠（2013）遵循可比性、可得性、全面性、系统性的原则，采用层次分析法和聚类分析法从金融支持的广度、宽度、深度和力度四个维度对构建金融支持农业发展绩效四维指标评价体系，营业网点数量作为衡量金融支持广度的指标。

（2）金融结构。本书选取总部设在辖区内的证券公司数、总部设在辖区内的基金公司数、总部设在辖区内的期货公司数、总部设在辖区内的保险公司数、股票总交易金额、证券总交易额六个指标对金融结构进行评价。

于晓虹等（2016）利用基于决策者偏好的投影寻踪（MPPC）模型对我国省级普惠金融的发展水平进行了综合评价，在所构建的指标体系中每 100 万人基金公司数、每 100 万人期货公司数、每 100 万人上市公司数、每 100 万人保险公司数、每 10 万人拥有的保险机构数作为衡量广义金融供给的指标。丁艺等（2009）利用主成分分析法对我国 31 个省份的金融集聚程度进行的评价中选取总部设在辖内的证券公司数、总部设在辖内的基金公司数、总部设在辖内的期货公司数、总部设在辖区内的保险公司数作为衡量证券业发展水平的指标。陈长民（2009）在对我国西部金融结构的现状和优化所进行的研究中，把总部设在辖内的证券公司数、总部设在辖内的基金公司数、总部设在辖内的期货公司数、总部设在辖区内的保险公司数作为衡量金融结构优化程度的指标进行了分析。

关爱萍和李娜（2013）利用西部地区的省域面板数据对西部地区的金融发展、区际产业转移与承接技术进步的关系进行了研究，在所构建的包含金融深化、金融效率和金融结构的模型中，利用股票交易额、证券交易额和保险密度衡量金融市场结构。

徐璋勇和封妮娜（2008）在构建的中国省域金融发展差异综合评价指标体系中，利用保险密度衡量金融效率。郑少智和黄梦云（2015）在所构建的省域金融发展综合评价指标体系中利用保险密度衡量金融结构。曹栋和唐鑫（2016）、李福祥和刘琪琦（2016）构建的区域金融发展评价指标体系，利用保险密度衡量了保险市场的发展水平。熊学萍和谭霖（2016）运用因子分析法构建我国省域金融发展水平综合评价指标体系，利用保险密度衡量金融宽度。张亮和衣保中（2013）运用因子分析和聚类分析方法，对东北地区金融发展水平进行测度。选取包括金融机构本外币存款和贷款余额、金融相关比率、金融机构贷款余额占 GDP 比重、金融业增加值占 GDP 比重、上市公司数量、非金融机构股票融资额、非金融机构股票融资额占 GDP 比重、保险收入、保险密度、保险深度、全社会固定资产投资、人均地区生产总值、第三产业增加值占 GDP 比重、人均可支配收入共 15 个指标的金融发展综合评价指标体系对东北地区的金融发展水平进行了评价。

（3）金融深度。本书选取保险密度、保险深度、短期融资券筹资额、国内债券筹资、人均存款、人均贷款、金融机构总资产/GDP、金融业增加值/GDP、金融相关率、金融业从业人员占三次产业从业人员比例 10 个指标对金融深度进行评价。

金融深度所反映的是经济金融化的不断加强和深化过程（熊学萍、谭霖，2016）。较早的对金融深度的研究中，一直使用正规金融中介规模总量所占经济活动总量的比例对金融深化的程度进行衡量（戈德史密斯，1994；麦金农，1988）。约瑟夫·熊彼特认为，金融的发展对经济发展的作用至关重要。卢卡斯（1988）则认为人们过分地强调了金融与经济发展之间的关系。金和莱文（King and Levine，1993）为了验证熊彼特的观点，在所构建的金融发展评价指标体系中，利用流动负债总量占 GDP 的比例衡量了金融深度。

随后，人们普遍使用广义货币（M2）或流动负债存量（M3）作为衡量金融深度和金融业总体规模的典型指标。使用金融机构外的货币加活期存款、银行和非银行中介机构的有息负债（M3 货币供应量）对金融深度进行测量（Demirguc-Kunt and Levine，1996）。使用流动负债存量占 GDP 的比例对金融深化的程度进行衡量（Beck，Demirguc-Kunt and Levine，2000）。

由于选取 M3 所反映的更全面，因此，卢梭和瓦赫特尔（2000）选用包括货币、活期存款、所有定期存款和货币市场共同基金的负债的 M3 作为衡量金融深度的评价指标。

徐璋勇和封妮娜（2008）在构建的中国省域金融发展差异综合评价指标体系中，利用保险深度衡量金融效率。郑少智和黄梦云（2015）在所构建的省域金融发展综合评价指标体系中利用保险深度衡量金融结构。曹栋和唐鑫（2016）、李福祥和刘琪琦（2016）构建的区域金融发展评价指标体系中，运用保险深度衡量了保险市场的发展水平。熊学萍和谭霖（2016）、董金玲（2009）利用因子分析法构建的我国省域金融发展水平综合评价指标体系，利用保险深度衡量金融深度。殷克东和孙文娟（2010）利用保险深度衡量金融广度和深度。

孙武军等（2013）、王文静（2012）、张清正（2015）、吴井峰（2016）对中国及区域金融集聚程度所进行的评价中，选用短期融资券筹资额、国内债券筹资等指标衡量证券业的水平。穆献中等（2016）利用因子分析法对区域金融发展的研究中选用人均存款、人均贷款指标评价金融总量。殷克东和孙文娟（2010）、董金玲（2009）选用人均存款余额、人均贷款余额等指标评价金融发展规模。穆献中等（2016）、徐璋勇和封妮娜（2008）、郑少智和黄梦云 2015）选用金融相关率等指标对金融结构进行评价。熊学萍和谭霖（2016）、殷克东和孙文娟（2010）、董金玲（2009）选用金融相关率等指标对金融广度和深度进行评价。

（4）金融基础。本书选取人均 GDP 指标来衡量金融基础。李福祥和刘琪琦（2016）选用人均 GDP、城镇化率、金融从业人员对省域的经济金融环境进行评价。熊学萍和谭霖（2016）选用人均 GDP、城市化进程指标对区域金融生态环境进行评价。张一青（2016）利用四阶段 DEA-Tobit 方法对省域的金融效率进行评价，在所构建的指标体系中选用人均 GDP 增加值等指标对金融发展的产出进行评价。

4.3.3 金融发展评价指标体系概览

关于金融发展评价指标体系各指标概览如表 4 - 2 所示。包含金融规模、金融结构、金融深度、金融基础 4 个维度 26 个指标。

表 4 - 2　　　　　　　　　　金融发展评价指标体系

指标维度	指标	指标简称
金融规模	金融业增加值	SIZE1
	金融机构营业网点数	SIZE2
	金融机构资产总额	SIZE3
	农村合作机构营业网点数	SIZE4
	农村合作机构营业网点从业人数	SIZE5
	农村合作机构营业网点资产总额	SIZE6
	农户储蓄存款余额	SIZE7
	金融业就业人员数	SIZE8
	年末国内上市公司数	SIZE9
金融结构	总部设在辖内的证券公司数	STRU1
	总部设在辖内的基金公司数	STRU2
	总部设在辖内的期货公司数	STRU3
	总部设在辖内的保险公司数	STRU4
	股票总交易金额	STRU5
	证券总交易额	STRU6
金融深度	保险密度	DEPT1
	保险深度	DEPT2
	国内债券筹资：短期融资券筹资额	DEPT3
	国内债券筹资	DEPT4
	人均存款	DEPT5
	人均贷款	DEPT6
	金融机构总资产/GDP	DEPT7
	金融业增加值/GDP	DEPT8
	金融相关率	DEPT9
	金融业从业人员占三次产业从业人员比例	DEPT10
金融基础	人均 GDP	STAB

4.4 金融发展和农业现代化的综合评价

4.4.1 数据来源及处理

利用前文所构建的金融发展评价指标体系和农业现代化评价指标体系，选取中国 31 个省份 2009～2015 年的数据，并计算金融发展综合得分和农业现代化综合得分，对 2009～2015 年中国 31 个省份的金融发展水平和农业现代化水平进行综合评价。本书研究中涉及中国 31 个省份的 2009～2015 年的面板数据，数据的主要来源是 Wind 资讯、国家统计局官方网站和历年各省市的统计年鉴。各样本数据来源的官方发布保证了本书研究中所选取数据的客观性和可靠性。

本书在评价指标体系设计时遵循平衡指标体系设计原理，所涉明细指标较多，且研究重点在于研究过程的理论、现实和方法的有机结合以及对结果的直观展示，因此，本书采用因子分析的综合指标体系分析方法进行计算研究。另外，农业现代化评价指标体系中的技术装备水平和规模经营水平指标由于数据获取性较差，本书中所构建模型中未包含该变量数据。

由于不同的变量具有不同的单位和变异程度，这样会使在实际分析应用中数据的解释能力较差。所以，利用公式（4－1）对数据进行标准化处理。为了消除量纲的影响和变量自身的变异，通常在进行数据分析前，对数据进行标准化处理。本书所采用的标准化处理方式为对变量的标准差进行标准化，即用每个变量的观察值减去该变量的平均值，再除以该变量的标准差，对变量进行标准化后，每个变量都是无量纲的，而且每个变量的所有数据平均值为 0，方差符合正态分布。

具体公式如下：

$$\hat{X}_{ij} = \frac{X_{ij} - \bar{X}_j}{\sqrt{\dfrac{1}{N}\sum_{I=1}^{N}(X_{ij} - \bar{X}_j)^2}} \tag{4－1}$$

其中，$\hat{X}_{ij}$ 为标准化后各变量的值，X_{ij} 为各变量的观察值，$\bar{X}_j$ 为每个变量观察值的平均值，$\sqrt{\dfrac{1}{N} \sum\limits_{I=1}^{N} (X_{ij} - \bar{X}_j)^2}$ 为每个变量的观察值的标准差，N 为各变量观察值的个数。

4.4.2 指标和权重的确定

目前确定指标和权数所运用的主流研究方法，主要包含主观方法和客观方法。运用主观赋权法确定各权重反映了决策者的意向决策或评价结果都有很大主观性，而客观赋权法确定的权重虽然有较强的数学理论依据但是没有考虑决策者的意向。主观赋权法主要有德尔菲法、层次分析法、二项系数法、频度统计法等；客观赋权法主要有主成分分析法、熵值法、多指标综合指数法、变异系数法、DEA-Tobit、聚类分析、LASSO 变量选择等方法；有些学者在研究的过程中，为了更多地保证结果的客观性和科学性，综合运用了多种主客观方法来确定权重进行评价。

为了全面、系统地对金融发展和农业现代化进行评价，本书考虑了众多影响因素，构建了指标体系。因为每个变量都在不同程度上反映了所研究问题的某些信息，并且指标之间彼此有一定的相关性，因而所得的统计数据反映的信息在一定程度上有重叠。在用统计方法研究多变量问题时，变量太多会增加计算量和增加分析问题的复杂性，为了能够在进行定量分析的过程中，利用最少的变量，获得最多的信息量；为了在评价中，尽量减少主观因素的干扰，最大限度地保留客观性，本书采用学者们应用较为广泛的主成分因子分析法确定指标权重。

本书利用 IBM SPSS Statistics 22 分别对本书研究中所构建的农业现代化评价指标体系和金融发展评价指标体系中各指标计算 KMO 值、Bartlett 检验、主成分因子分析，主成分因子分析是以测量各变量之间的相关系数为基础的。因此，在进行因子分析之前，首先要确定数据是否适合进行因子分析。首先，因子分析要求样本量具备一定的规模，样本量在 100 以下的数据是不适合进行因子分析的。通常情况下，当样本量与变量数量的比例至少要在 5∶1 以上时，才能进行有效的因子分析。本书中的样本数量为 217 个，农业现代化评价指标体系包含 23 个变量，金融发展评价指标体系包含 25 个变量。从农业现代化评价指标体系来看，样本量与变量之比大于 9∶1；从金融发展评价指标体系看，样本量与变量之比大于 8∶1；从农业现代化评价指标体系和金融评价指标体系整体看，其样本量与变量之比约为 4.5∶1。因此，整体分析，本书所选取的数据基本符合因子分析的标准。其次，因子分析要求各变量之间具有一定程度的相关关系，相关程度过高或者过低都很难进行因子分析，所以，要通过 Kaiser-Meyer-Olkin Measure of Sampling Adequacy（KMO）和 Bartlett's Test of Sphericity（Bartlett's Test）检验来检验指标体系中的各变量之间的相关关系。

主成分因子分析法是一种降维的统计方法，它借助于一个正交变换，将其分量相关的原随机向量转化成其分量不相关的新随机向量，这在代数上表现为将原随机向量的协方差阵变换成对角形阵，在几何上表现为将原坐标系变换成新的正交坐标系，使之指向样本点散布最开的 p 个正交方向，然后对多维变量系统进行降维处理，使之能以一个较高的精度转换成低维变量系统，再通过构造适当的价值函数，进一步把低维系统转化成一维系统。

主成分因子分析是把 p 个随机变量的总方差分解为 p 个不相关随机变量的方差之和，即 $1 + 2 + \cdots + p$，则总方差中属于第 i 个主成分（被第 i 个主成分所解释）的比例，如公式（4 - 2）所示。

$$\frac{\lambda_i}{\lambda_1 + \lambda_2 + \cdots + \lambda_p} \qquad (4-2)$$

公式（4 - 2）表示第 i 个主成分的贡献度。定义 $\sum_{j=1}^{m} \lambda_j / \sum_{i=1}^{p} \lambda_i (m \leqslant p)$ 为前 m 个主成分的累积贡献度，衡量了前 m 个主成分对原始变量的解释程度。具体步骤如下：

首先，根据公式（4 - 3）建立对中国 31 个省份的农业现代化样本矩阵。

$$AGRI = (AGRI_{ij}) 31 \times 23 \qquad (4-3)$$

其中，$i = 1, 2, 3, \cdots, 31$；$j = 1, 2, 3, \cdots, 23$。31 为本书的研究区域中国的 31 个省份，23 为本书所构建的农业现代化评价指标体系的指标数量。

根据公式（4-4）建立对中国 31 个省份的金融发展样本矩阵。

$$FINA = (FINA_{ij})31 \times 26 \tag{4-4}$$

其中，$i = 1, 2, 3, \cdots, 31$；$j = 1, 2, 3, \cdots, 26$。31 为本书的研究区域中国的 31 个省份，26 为本书所构建的金融发展评价指标体系的指标数量。

其次，分别计算农业现代化评价指标体系和金融发展评价指标体系中各个指标之间的相关系数矩阵 $R_b \times b$，它的特征值 $1 \geqslant \Lambda b \geqslant 0$ 以及正规化特征向量 e_j，由此分别得到农业现代化评价指标体系的主成分 T_{Ai} 和金融发展评价指标体系的主成分 T_{Fi}，如下所示：

$$T_{Ai} = AGRI_{ej} \tag{4-5}$$

$$T_{Fi} = FINA_{ej} \tag{4-6}$$

最后，根据贡献率，确定主成分个数，利用公式（4-7）计算得出中国 31 个省份的农业现代化综合得分 R_{AGRI} 和金融发展综合得分 R_{FINA}。

$$R_{AGRI} = aAGRI_1 + bAGRI_2 + \cdots + mAGRI_m \tag{4-7}$$

$$R_{FINA} = cFINA_1 + dFINA_2 + \cdots + nFINA_n \tag{4-8}$$

其中，AGRI 表示农业现代化评价指标体系的特征向量；a、b 为农业现代化评价指标体系的原始指标标准化数据；FINA 表示金融发展评价指标体系的特征向量；c、d 为金融发展评价指标体系的原始指标标准化数据。由于农业现代化评价指标体系中的技术装备水平和规模经营水平两个维度的数据获取性较差，因此，在计算综合得分时不考虑这两个维度。

4.4.2.1 KMO 值和 Bartlett 检验

表 4-3 为农业现代化评价指标体系的 KMO 值和 Bartlett 检验的结果，表中显示 KMO 值为 0.807，属于良好级别，适合进行因子分析。Bartlett 检验值为 7 142.992，自由度（df）为 253，检验的显著性概率（Sig.）为 0.000，表明其相关矩阵并不是单位矩阵，适合进行因子分析。

表 4 – 3　　　　农业现代化评价指标体系的 **KMO** 值和 **Bartlett** 检验

KMO 值	Bartlett 检验		
	近似卡方值	df	Sig.
0.807	7 142.992	253	0.000

表 4 – 4 为金融发展评价指标体系的 KMO 值和 Bartlett 检验的结果，表中显示 KMO 值为 0.877，属于良好级别，适合进行因子分析。Bartlett 检验值为 13 111.947，自由度（df）为 325，检验的显著性概率（Sig.）为 0.000，表明其相关矩阵并不是单位矩阵，适合进行因子分析。

表 4 – 4　　　　金融发展评价指标体系的 **KMO** 值和 **Bartlett** 检验

KMO 值	Bartlett 检验		
	近似卡方值	df	Sig.
0.877	13 111.947	325	0.000

4.4.2.2　EFA

因子分析的结果如表 4 – 5 ~ 表 4 – 6 所示。如表 4 – 5 所示，在农业现代化评价指标体系中，特征值大于 1 的公共因子有 4 个，累计解释变异量为 80.221%。如表 4 – 6 所示，在金融发展评价评价指标体系中，特征值大于 1 的公共因子有 4 个，累计解释变异量为 89.664%。

表 4 – 5　　　　农业现代化评价指标体系量表的抽取因子累计解释量

因子个数	初始特征值			旋转载荷平方和		
	合计	解释方差比率（%）	累计解释方差比率（%）	合计	解释方差比率（%）	累计解释方差比率（%）
1	11.143	48.448	48.448	9.736	42.329	42.329
2	3.672	15.965	64.413	3.346	14.548	56.877
3	2.379	10.342	74.756	3.209	13.950	70.827
4	1.257	5.466	80.221	2.161	9.394	80.221

抽取方法：主成分分析法。

表 4 – 6　　　　　金融发展评价指标体系量表的抽取因子累计解释量

因子个数	初始特征值			旋转载荷平方和		
	合计	解释方差比率（%）	累计解释方差比率（%）	合计	解释方差比率（%）	累计解释方差比率（%）
1	14.247	54.797	54.797	7.718	29.685	29.685
2	6.356	24.445	79.241	7.368	28.338	58.023
3	1.644	6.324	85.565	6.731	25.888	83.912
4	1.066	4.098	89.664	1.495	5.752	89.664

抽取方法：主成分分析法。

表 4 – 7 和表 4 – 8 分别为旋转后的主成分矩阵，可以看出因子分析的整体分析结果较好。各变量在所属的公共因子上都具有较高的因子载荷，在其他的公共因子上的因子载荷较低，说明所构建的评价指标体系具有较好的聚合效度和区分效度。

表 4 – 7　　　　　农业现代化评价指标体系旋转后主成分矩阵

	1	2	3	4
AGAN1	0.644	0.205	0.402	0.230
AGAN2	0.874	0.236	– 0.014	– 0.085
AGAN3	0.916	0.138	0.019	– 0.148
AGAN4	0.950	0.057	– 0.112	0.099
AGAN5	0.905	– 0.101	– 0.108	0.035
AGAN6	0.779	0.062	– 0.114	0.160
AGAN7	0.915	0.239	– 0.018	0.035
AGAN8	0.732	0.524	– 0.013	0.228
AGAN9	0.705	0.380	0.053	– 0.304
AGAN10	0.915	0.103	– 0.013	0.034
AGAN11	0.838	0.354	– 0.009	0.238
AGAN12	0.867	0.328	0.171	0.156
AGAN13	0.891	0.151	0.057	0.212
FORE1	– 0.033	0.199	0.008	0.896
FORE2	0.332	0.254	0.031	0.808
FISH1	0.452	0.721	0.144	0.078

续表

	1	2	3	4
FISH2	0.167	0.907	0.178	0.214
FISH3	0.219	0.820	0.210	0.241
PERF1	− 0.043	0.094	0.896	− 0.139
PERF2	− 0.057	0.309	0.682	0.367
PERF3	− 0.110	0.121	0.920	0.049
PERF4	− 0.118	− 0.129	− 0.524	− 0.050
PERF5	− 0.126	− 0.464	0.698	− 0.209

抽取方法：主成分分析法。
旋转方法：最大方差旋转法。
迭代次数：5 次。

表 4 − 8　　　　　　　　金融发展评价指标体系旋转后主成分矩阵

	1	2	3	4
SIZE1	0.356	0.520	0.648	0.384
SIZE2	− 0.149	0.095	0.952	− 0.147
SIZE3	0.476	0.514	0.640	0.270
SIZE4	− 0.221	− 0.041	0.894	− 0.296
SIZE5	− 0.183	− 0.013	0.949	− 0.138
SIZE6	0.068	0.152	0.907	0.292
SIZE7	− 0.004	0.106	0.932	0.221
SIZE8	0.277	0.420	0.839	0.021
SIZE9	0.270	0.617	0.642	0.219
STRU1	0.372	0.803	0.277	− 0.041
STRU2	0.222	0.932	0.021	0.043
STRU3	0.232	0.770	0.249	− 0.025
STRU4	0.559	0.730	− 0.029	0.069
STRU5	0.245	0.844	0.303	0.095
STRU6	0.316	0.825	0.269	0.177
DEPT1	0.677	0.619	0.040	0.173
DEPT2	0.604	0.397	0.113	− 0.438

	1	2	3	4
DEPT3	0.913	0.066	0.124	− 0.037
DEPT4	0.939	0.080	0.145	0.000
DEPT5	0.823	0.495	− 0.008	0.243
DEPT6	0.717	0.510	0.000	0.406
DEPT7	0.831	0.432	− 0.194	0.067
DEPT8	0.696	0.534	− 0.103	0.260
DEPT9	0.795	0.439	− 0.174	0.108
DEPT10	0.770	0.532	− 0.153	0.103
STAB	0.512	0.440	0.177	0.610

抽取方法：主成分分析法。

旋转方法：最大方差旋转法。

迭代次数：5 次。

表 4 - 7 为农业现代化评价指标体系旋转后的主成分矩阵。其中，变量 AGAN1、AGAN2、AGAN3、AGAN4、AGAN5、AGAN6、AGAN7、AGAN8、AGAN9、AGAN10、AGAN11、AGAN12、AGAN13 的因子载荷均高于 0.7，分别为 0.644、0.874、0.916、0.950、0.905、0.779、0.915、0.732、0.705、0.915、0.838、0.867、0.891，都从属于第一个公共因子 AGAN，根据变量的含义，本书将此因子定义为农牧业发展水平因子；变量 FORE1 和 FORE2 因子载荷分别为 0.896 和 0.808，从属于第四个公因子，根据变量的含义，本书将此因子定义为林业发展水平因子；变量 FISH1、FISH2、FISH3 的因子载荷分别为 0.721、0.907、0.820，从属于第二个公共因子，根据变量的含义，本书将此因子定义为渔业发展水平因子；变量 PERF1、PERF2、PERF3、PERF4、PERF5 都从属于第三个公共因子，因子载荷分别为 0.896、0.682、0.920、− 0.524、0.698，其中 PERF4 的因子载荷较低，所以剔除 PERF4，根据各变量的含义，将此因子定义为农业经济效益因子。经过探索性因子分析后，确定农业发展指标体系共包含 22 个变量，分别为 AGAN1、AGAN2、AGAN3、AGAN4、AGAN5、AGAN6、AGAN7、AGAN8、AGAN9、AGAN10、AGAN11、AGAN12、AGAN13、FORE1、FORE2、FISH1、FISH2、FISH3、PERF1、PERF2、PERF3、PERF5。

表 4 - 8 为金融发展评价指标体系旋转后的主成分矩阵。其中，变量 SIZE1、SIZE2、SIZE3、SIZE4、SIZE5、SIZE6、SIZE7、SIZE8、SIZE9 的因子载荷分别为 0.648、0.952、0.640、0.894、0.949、0.907、0.932、0.839、0.642，从属于第三个公共因子，根据各变量的含义，将此因子定义为金融规模公因子。变量 STRU1、STRU2、STRU3、STRU4、STRU5、STRU6 的因子载荷分别为 0.803、0.932、0.770、0.730、0.844、0.825，从属于第一个公共因子，根据各变量的含义，将此因子定义为金融结构公因子。变量 DEPT1、DEPT2、DEPT3、DEPT4、DEPT5、DEPT6、DEPT7、DEPT8、DEPT9、DEPT10 的因子载荷分别为 0.677、0.604、0.913、0.939、0.823、0.717、0.831、0.696、0.795、0.770，从属于第二个公共因子，根据各变量所代表的含义，将此因子定义为金融深度公因子。变量 STAB 的因子载荷为 0.610，从属于第四个公共因子，由于此公因子的特征值刚刚超过 1，为 1.066，且前三个公因子的累计解释能力已经达到 85.565，因此，将此公共因子剔除，剔除 STAB 变量后，金融发展指标体系共包含 25 个变量，分别为 SIZE1、SIZE2、SIZE3、SIZE4、SIZE5、SIZE6、SIZE7、SIZE8、SIZE9、STRU1、STRU2、STRU3、STRU4、STRU5、STRU6、DEPT1、DEPT2、DEPT3、DEPT4、DEPT5、DEPT6、DEPT7、DEPT8、DEPT9、DEPT10。

4.4.3　农业现代化和金融发展的综合得分

最后根据贡献率，确定的农业现代化评价指标体系和金融发展评价指标体系的主成分个数，利用公式（4-7）和公式（4-8）计算得出中国 31 个省份的农业现代化综合得分 R_{AGRI} 和金融发展综合得分 R_{FINA}。

4.4.3.1　农业现代化综合得分

中国 31 个省份 2009～2015 年的农业现代化综合得分如表 4-9 所示。由表 4-9 可以看出，2009～2015 年，中国 31 个省份农业现代化综合得分均呈上升趋势，说明 2009～2015 年，中国 31 个省份的农业现代化水平在稳步提升。

表 4 - 9　　　　中国 31 个省份 2009～2015 年农业现代化综合得分

省份	2009 年	2010 年	2011 年	2012 年	2013 年	2014 年	2015 年
北京	- 0.5491	- 0.4111	- 0.2564	- 0.1236	- 0.0707	0.0629	0.0709
天津	- 0.8058	- 0.7735	- 0.7168	- 0.6759	- 0.6324	- 0.6011	- 0.5706
河北	- 0.0458	0.0017	0.0476	0.0719	0.1165	0.2041	0.3622
辽宁	0.2776	0.3234	0.4226	0.4885	0.5460	0.5774	0.8681
上海	- 0.5879	- 0.5328	- 0.4353	- 0.2397	- 0.2105	- 0.1386	- 0.0727
江苏	0.1529	0.2454	0.4098	0.5142	0.5887	0.7327	1.0012
浙江	0.1896	0.3664	0.6241	0.7455	0.8017	0.8412	0.8823
福建	0.2500	0.3391	0.4377	0.6063	0.7509	0.8761	1.0708
山东	0.6065	0.7825	0.8878	0.9237	1.1824	1.3612	1.6198
广东	0.3419	0.5382	0.6502	0.7913	0.9548	0.9755	1.2867
广西	- 0.0169	0.0589	0.1272	0.3150	0.4533	0.5280	0.6651
海南	- 0.1794	- 0.1452	- 0.1282	- 0.0034	0.0880	0.1848	0.2423
山西	- 0.7125	- 0.6868	- 0.6575	- 0.6243	- 0.5868	- 0.5356	- 0.4473
内蒙古	- 0.3333	- 0.2652	- 0.2047	- 0.1518	- 0.0971	- 0.0683	- 0.0369
吉林	- 0.2542	- 0.2135	- 0.1595	- 0.1122	- 0.0672	0.0553	0.2201
黑龙江	- 0.0643	- 0.0207	0.0231	0.1046	0.2060	0.3936	0.4663
安徽	0.0039	0.0689	0.1994	0.3052	0.4401	0.5556	0.7453
江西	0.2093	0.2913	0.3461	0.4945	0.5328	0.6091	0.7744
河南	0.0066	0.0883	0.1658	0.2936	0.3754	0.5683	0.8083
湖北	0.0872	0.1228	0.2082	0.3274	0.4921	0.6254	0.8795
湖南	0.2707	0.3298	0.4493	0.5668	0.6240	0.7823	1.0014
重庆	- 0.6840	- 0.6373	- 0.5785	- 0.4892	- 0.3901	- 0.3035	- 0.2804
四川	- 0.0188	0.0523	0.1236	0.2092	0.2686	0.3653	0.4832
贵州	- 0.6303	- 0.5659	- 0.5312	- 0.5098	- 0.4571	- 0.3861	- 0.3112
云南	- 0.1995	- 0.1668	- 0.0301	0.0404	0.1067	0.1738	0.3481
西藏	- 0.9578	- 0.9366	- 0.9161	- 0.8956	- 0.8702	- 0.8575	- 0.8378
陕西	- 0.5160	- 0.5020	- 0.4740	- 0.3838	- 0.3314	- 0.2639	- 0.1585
甘肃	- 0.7339	- 0.7095	- 0.6714	- 0.6607	- 0.6387	- 0.5736	- 0.4963
青海	- 0.9362	- 0.9111	- 0.9057	- 0.8786	- 0.8598	- 0.8402	- 0.8130
宁夏	- 0.8611	- 0.8385	- 0.8157	- 0.7900	- 0.7604	- 0.7175	- 0.6898
新疆	- 0.5090	- 0.4578	- 0.4246	- 0.4034	- 0.3632	- 0.3036	- 0.2397

2009 年时，中国 31 个省份中农业现代化综合得分排名在前 10 名的省份分别为山东省、广东省、辽宁省、湖南省、福建省、江西省、浙江省、江苏省、湖北省、河南省；2015 年时，排名在前 10 名的为山东省、广东省、福建省、湖南省、江苏省、浙江省、湖北省、辽宁省、河南省、江西省。从排名看，福建省的农业现代化综合得分排名从 2009 年第 5 位上升到了 2015 年的第 3 位；江苏省的农业现代化综合得分排名从 2009 年第 8 位上升到了 2015 年的第 5 位；湖北省从 2009 年第 9 位上升到了 2015 年的第 7 位；河南省从 2009 年第 10 位上升到了 2015 年的第 9 位；浙江省从 2009 年第 7 位上升到 2015 年的第 6 位；江西省从 2009 年第 6 位下降到 2015 年的第 10 位；辽宁省从 2009 年第 3 位下降到 2015 年的第 8 位。综合来看，2009～2015 年 7 年间，农业现代化综合得分排在前 10 名的省份没有变化，其中福建省、江苏省、湖北省、河南省、浙江省在排名上都呈上升趋势，江西省、辽宁省在排名上都呈下降趋势。

2009 年时，中国 31 个省份中农业现代化综合得分排名在后 10 名的省份分别为西藏自治区、青海省、宁夏回族自治区、天津市、山西省、甘肃省、重庆市、贵州省、上海市、北京市；2015 年时，排名在后 10 名的分别为西藏自治区、青海省、宁夏回族自治区、甘肃省、山西省、天津市、贵州省、重庆市、新疆维吾尔自治区、陕西省。其中，贵州省从 2009 年倒数第 8 位上升到了 2015 年的倒数第 7 位；陕西省从 2009 年倒数第 11 位上升到了 2015 年的倒数第 10 位；新疆维吾尔自治区从 2009 年倒数第 12 位上升到了 2015 年的倒数第 9 位；上海市从 2009 年倒数第 9 位下降到了 2015 年的倒数第 11 位；北京市从 2009 年倒数第 10 位下降到了 2015 年的倒数第 13 位；重庆市从 2009 年倒数第 7 位下降到了 2015 年的倒数第 8 位。综合来看，2009～2015 年 7 年间，农业现代化综合得分排名在后 10 名的省份中贵州省、陕西省、新疆维吾尔自治区的农业现代化综合得分的排名下降了，上海市、北京市和重庆市农业现代化综合得分的排名上升了。

综合来看，2009～2015 年，中国 31 个省份的农业现代化水平都呈上升趋势，但是各省份发展不均衡，农业现代化水平高的省份和水平低的省份差距较大。

4.4.3.2　金融发展综合得分

中国 31 个省份的金融发展综合得分如表 4 - 10 所示。2009 ~ 2015 年，中国 31 个省份的金融发展综合得分均呈上升趋势，说明 2009 ~ 2015 年，中国 31 个省份的金融发展水平在稳步提升。

2009 年时，中国 31 个省份中金融发展综合得分排名在前 10 名的省份分别为上海市、北京市、广东省、浙江省、江苏省、山东省、天津市、辽宁省、四川省、河北省；2015 年时，排名在前 10 名的省份为北京市、上海市、广东省、浙江省、江苏省、天津市、山东省、辽宁省、福建省、四川省。其中，北京市从 2009 年第 2 位上升到了 2015 年的第 1 位；天津市从 2009 年第 7 位上升到了 2015 年的第 6 位；福建省从 2009 年第 11 位上升到了 2015 年的第 10 位；山东省从 2009 年第 6 位下降到了 2015 年的第 7 位；上海市从 2009 年第 1 位下降到了 2015 年的第 2 位；四川省从 2009 年第 9 位下降到了 2015 年的第 10 位；河北省从 2009 年第 10 位下降到了 2015 年的第 12 位。综合来看，2009 ~ 2015 年 7 年间，金融发展综合得分排名在前 10 名的省份中北京市、天津市、福建省的排名都呈上升趋势，山东省、上海市、四川省、河北省在排名上都呈下降趋势。2009 年时，中国 31 个省份中金融发展综合得分排名在后 10 名的省份分别为西藏自治区、青海省、贵州省、海南省、甘肃省、广西壮族自治区、宁夏回族自治区、江西省、云南省、新疆维吾尔自治区。

2015 年时，排名在后 10 名的省份分别为西藏自治区、贵州省、甘肃省、青海省、海南省、广西壮族自治区、云南省、江西省、宁夏回族自治区、新疆维吾尔自治区。其中青海省从 2009 年的倒数第 2 位下降到了 2015 年的倒数第 4 位；海南省从 2009 年倒数第 4 位下降到了 2015 年的第 5 位；贵州省从 2009 年倒数第 3 位上升到了 2015 年的第 2 位；甘肃省从 2009 年倒数第 5 位上升到了 2015 年的第 3 位；宁夏回族自治区从 2009 年倒数第 7 位上升到了 2015 年的第 6 位；云南省从 2009 年倒数第 9 位上升到了 2015 年的第 7 位。综合来看，2009 ~ 2015 年 7 年间，金融发展综合得分排名在后 10 名的省份中青海省、海南省的整体排名都呈上升趋势，贵州省、甘肃省、宁夏回族自治区在整体排名上都呈下降趋势。

表 4 - 10　　　　　中国 31 个省份 2009 ~ 2015 年金融发展综合得分

省份	2009 年	2010 年	2011 年	2012 年	2013 年	2014 年	2015 年
北京	1.2385	1.4181	1.7747	1.9805	2.3492	2.7766	3.0608
天津	- 0.0636	0.0601	0.2192	0.3774	0.5505	0.7004	0.8669
河北	- 0.3578	- 0.2654	- 0.1498	- 0.0665	0.0132	0.0882	0.1888
辽宁	- 0.1942	- 0.1051	- 0.0124	0.1265	0.2510	0.3370	0.4681
上海	1.4998	1.5709	1.6992	1.9745	2.0604	2.2661	2.5908
江苏	0.1379	0.2320	0.4387	0.6779	0.8691	1.0580	1.3262
浙江	0.3413	0.4317	0.6597	0.8840	1.0434	1.1522	1.3858
福建	- 0.3647	- 0.2903	- 0.1625	- 0.0037	0.0951	0.2089	0.4082
山东	0.0140	0.1917	0.1561	0.2772	0.4470	0.5802	0.7795
广东	0.9291	0.9877	1.2202	1.4065	1.5706	1.7322	2.0599
广西	- 0.7228	- 0.6781	- 0.5939	- 0.5028	- 0.4233	- 0.3475	- 0.2475
海南	- 0.7514	- 0.7291	- 0.6422	- 0.5432	- 0.4705	- 0.3959	- 0.3051
山西	- 0.4582	- 0.3304	- 0.2377	- 0.1582	- 0.0890	- 0.0098	0.0860
内蒙古	- 0.5352	- 0.4008	- 0.2938	- 0.1586	0.0031	0.1024	0.1964
吉林	- 0.5390	- 0.4766	- 0.3808	- 0.3123	- 0.2520	- 0.1673	- 0.0510
黑龙江	- 0.5529	- 0.4904	- 0.4369	- 0.3466	- 0.2715	- 0.1527	- 0.1357
安徽	- 0.5751	- 0.5086	- 0.4209	- 0.3344	- 0.2539	- 0.1828	- 0.0655
江西	- 0.6768	- 0.6231	- 0.5504	- 0.4566	- 0.3885	- 0.3267	- 0.2200
河南	- 0.3898	- 0.3095	- 0.2353	- 0.1266	- 0.0490	0.0308	0.1570
湖北	- 0.4922	- 0.4291	- 0.3240	- 0.2144	- 0.1195	- 0.0447	0.1049
湖南	- 0.4214	- 0.3013	- 0.3304	- 0.2458	- 0.1672	- 0.0946	0.0090
重庆	- 0.5338	- 0.4272	- 0.3401	- 0.2110	- 0.1076	0.0025	0.1113
四川	- 0.3479	- 0.2667	- 0.1470	0.0112	0.1001	0.2333	0.3991
贵州	- 0.7988	- 0.7601	- 0.6706	- 0.6297	- 0.5747	- 0.5058	- 0.4046
云南	- 0.6611	- 0.5981	- 0.5322	- 0.4598	- 0.4052	- 0.3432	- 0.2343
西藏	- 0.8893	- 0.8356	- 0.8035	- 0.7670	- 0.6968	- 0.6308	- 0.5496
陕西	- 0.5153	- 0.4297	- 0.3591	- 0.2305	- 0.1453	- 0.0401	0.0835
甘肃	- 0.7453	- 0.6986	- 0.6158	- 0.5788	- 0.5222	- 0.4559	- 0.3621
青海	- 0.8194	- 0.7694	- 0.6755	- 0.5973	- 0.5230	- 0.4418	- 0.3302
宁夏	- 0.7149	- 0.6559	- 0.5967	- 0.5000	- 0.4176	- 0.3397	- 0.2621
新疆	- 0.6252	- 0.5683	- 0.5152	- 0.4161	- 0.3495	- 0.2655	- 0.1676

综合来看，2009～2015 年，中国 31 个省份的金融发展水平都呈上升趋势，但是各省份发展不均衡，水平高的省份和低的省份差距较大。北京、上海、广州、深圳等一线城市的金融发展水平较高，西部地区的一些省市金融发展水平较低。

4.5　本章小结

本章首先依据客观性、综合性、可操作性和前瞻性的原则，构建了金融发展评价指标体系和农业现代化评价指标体系；其次利用客观赋权法中的主成分因子分析法确定指标并对指标赋权重，计算了金融发展综合得分和农业现代化综合得分，并对金融发展水平和农业现代化水平进行综合评价，可以横向比较区域、纵向比较不同时期的金融发展和农业现代化水平，为后面几章的实证分析打下基础。评价结果表明，2009～2015 年中国 31 个省份的金融发展水平和农业现代化水平均呈上升趋势，但是地区之间发展不均衡，发展水平高的省份和发展水平低的省份差异较大。

第5章
金融发展与农业现代化的动态关系分析

本章利用中国 31 个省份 2009～2015 年的面板数据，选取了影响农业现代化的因素，构建 PVAR 模型，对金融发展与农业现代化之间的动态关系进行分析。

5.1 金融发展与农业现代化动态关系模型的构建

5.1.1 变量选择

假设除传统的农业生产要素土地、劳动力、资本外，金融发展水平作为现代农业的投入要素，对农业现代化的进程也产生影响。在此假设基础上，分析金融发展与农业现代化之间的动态关系。从生产要素投入的角度，农业现代化的进程中受到土地、劳动力、资本投入的影响。其中，在各生产要素中，土地要素是农业发展的基础，土地的数量、土地的质量、土地的所有制形式、土地的规模经营程度等都不同程度地影响着农业现代化的进程；在农业生产中劳动力要素是农业现代化的关键，所谓劳动力就是谁来种地，如何种好地的问题，农业劳动者的知识和技术水平、能力、受教育程度直接决定着农业现代化的水平；资本要素是农业现代化的决定性因素，在由传统农业向现代农业转型的过程中，已经不存在劳动替代资本的空间，相反，随着劳动力成本不断上升，应该靠不断增加对农业的投入，由资本替代劳动。成功吸引金融发展水平介入农业，增加对现代生产要素的投入，可以提高劳动生产力。发挥各要素的比较优势，促进农业产前、产中、产后各个环节的专业化分工。

（1）传统农业的生产要素。第一，土地作为投入的生产要素是农业现代化的基础，我国自 2013 年以来开展的土地确权工作，为金融进入农业奠定了良好的基础。继家庭联产承包责任制之后，土地确权登记，土地经营权的有序流转有效地解决了农业微观经营环节的激励机制问题（王丹、张懿，2006）。资产的经济和社会价值需要在一种正规所有权体制中固定下来，才能进入市场参与运转。在我国，农民的资产主要有土地、林地、宅基地等，农民缺少的是进入所有权机制的途径，通过这种机制，来充分发挥农民手中资产的经济潜能。确立农民的土地承包经营权，不仅仅可以成为利益分配的工具，还是激励人们去创造剩余价值的手段。赋予农民对于土地合法的所有权利，是使农民手中的资产转化为资本的不可或缺的过程。没有土地确权，农民就很难把自己手中的资产和劳动成果转化为可以交换的形式；土地确权，使这些形式具有组合、分割、区分并且能够产生剩余价值的功能，同时农民便可以利用土地获取外部资金。

第二，劳动力即农民的素质是农业现代化的关键。长期以来，我国农村劳动力丰富，但随着工业化进程的不断加深，在"刘易斯拐点"到来之际，我们的人口红利已经消失殆尽，剩余劳动力无限供给的时代也已结束，随着农村剩余劳动力向非农产业的不断转移，农村劳动力已经成为制约农业发展的"瓶颈"。此时，如何提高从事农业生产的农民的科学技术素质和职业道德素养便成为亟待解决的问题。新型职业农民是具有高度的社会责任感和现代观念，有文化、懂技术、会经营，对生态、环境、社会和后人承担责任的农民，其恰好满足了这一需求。

第三，资本作为传统农业的生产要素，始终发挥着重要作用。农村家庭联产承包责任制解放了农村劳动力，激励了农民的积极性。近四十年来我国农业得到了长足的发展，然而，随着农村劳动力的大量外流，劳动力成本不断上升，在农村，劳动与资本相互替代的空间和效应已经明显降低。虽然，目前我国农村人口仍然众多，但是农村劳动力老化和弱化趋势不断加剧，靠劳动去取代资本的时代已经不复存在，因此，客观上要求增加农业投资，通过农业金融支持的实现，理顺城乡关系，平衡各部门和各地区之间的资金转移，促进收入和机会均等。

（2）现代农业的生产要素。"金融很重要，是现代经济的核心。金融搞好了，一着棋活，全盘皆活。"[①]邓小平关于这一科学论断实事求是地评价了金融在社会主义初级阶段经济发展的地位，继承和发展了马克思主义关于货币、金融是商品经济发展的"第一推动力"的重要理论观点。揭示了经济与金融之间的辩证关系，总结出现代商品经济是一个金融化经济的基本特征与一般规律，从而为如何发展社会主义生产力，深化改革，对外开放，实现社会主义经济发展战略目标指明了战略重点与战略措施（孙孝汉，1994）。

从发展观的角度来看，生产力因素是一直处于发展和变化中的（薛永应等，1995）。从不同的层次上，马克思确立了生产力要素，第一层次是劳动过程的三个简单要素，即劳动对象、劳动资料和劳动本身；第二层次是科学技术；第三层次是生产过程的社会结合，特别是分工协作。重农学派的代表性人物魁奈（1981）说："与庞大的军队会把土地荒芜相反，大人口和大财富，则可以使生产力得到更高的发挥。"

古典经济学的代表人物亚当·斯密（1972）从分工的角度，阐述了劳动生产力不断提高的原因，"劳动生产力上最大的改进，以及在劳动生产力指向或应用的任何地方所体现的技能、熟练性和判断力的大部分，似乎都是分工的结果"。李嘉图（1962）从土地生产力和资本生产力的角度对生产力进行了论述："每当我们有必要在土地上追加一份生产报酬较少的资本时，地租就会增加；根据同样的原理可以推出，社会上任何条件如果使我们无需在土地上使用这份资本，从而使最后使用的一份资本生产力更大时，就会使地租降低。一国资本大大减少以致用于维持劳动的基金大大减少时，就自然会有这种结果。"萨伊（1963）肯定了分工在生产力要素中的作用，进而从协同的角度论

---

① 邓小平文选（第三卷）［M］．人民出版社，1993：366．

述了生产力三要素土地、劳动力和资本的关系，"如果没有资本，劳动就不能生产什么东西。资本必须和劳动协力合作，这个协作我叫做资本的生产力。"

货币和信用的出现，有力地促进了商品经济的发展，商品经济的飞速发展，也为货币和信用作用的发挥不断地创造着客观的社会经济条件……当货币关系和信用关系遍及人们经济生活之中的时候，货币信用经济便无可争议地取代了实物经济而成为一种崭新的经济组织形式（汪小平，2007）。"当货币的运动和信用的活动虽有联系却终归独自发展时，这是两个范畴，而当两者不可分割地连接在一起时，则产生了一个由这两个原来独立的范畴相互渗透所形成的新范畴——金融，而金融范畴的形成并不意味着货币和信用这两个范畴已不复存在"（黄达，1992）。从古至今，金融在经济发展中都起着至关重要的作用。在现代社会，金融已经成为现代生产力系统的一个重要因素，这种重要性体现在金融不仅已经独立成为一个产业，而且作为生产力的要素，金融已经贯穿于其他各产业的各个环节，金融产业的形成，不但增强了金融在现代经济中的地位，使金融为经济发展创造更好的条件，并通过自身的作用促进经济进步，同时还带来一个重要的变化，即金融产值直接成为国民经济总量中的重要部分（汪小平，2007）。在现代经济中，促进经济发展的经济因素除土地、劳动力、资本这三大基本要素外，一些新的因素对经济发展的贡献在增长，金融在经济发展的历程中一直是一支重要的推动力量，并且随着经济的发展其作用力越来越强（汪小平，2007）。金融在农业现代化中的作用主要体现在分别从横向和纵向不同维度的融合。横向上通过资金融通，促进技术进步，农业实现规模经营；纵向上通过商品契约和要素契约的形式，形成各类经营主体之间的分工协作，细化专业化分工，在要素融合的过程中减少交易费用，提高整个产业链的资源配置效率。

由于关于农业科技投入这部分数据的完整性和可获取性较差，而且本章的研究目的是分析金融发展与农业现代化的动态关系，因此，在模型中，只是考虑土地、劳动力、资本和金融发展这四个因素。在模型中，农业现代化作为因变量，利用第四章中所获得农业现代化的综合得分，对农业现代化进行衡量。

关于资本投入，张乐和曹静（2013）都采用化肥施用量（折纯量）进行衡量。为更为全面地反映资本这一因素对现代农业的影响，在本书中将化肥施用量（折纯量）、农用柴油使用量、农药使用量、农用塑料薄膜使用量、农林水事务支出作为衡量资本投入的指标。其中，化肥施用量（折纯量）、农用柴油使用量、农药使用量、农用塑料薄膜使用量均为农业生产中投入的生产资料资本，农林水事务支出为政府支持农业生产而支付的财政支出，同样为农业的资本投入。

关于劳动力投入，现代农业不仅受到劳动力投入数量的影响，更重要的是受到投入的劳动力的素质影响。选取农林牧渔业从业人员来衡量劳动力的数量，选取农村居民家庭高中文化程度的劳动力和农村居民家庭中专文化程度的劳动力两个指标衡量劳动者的素质。

关于土地投入，刘晗等（2016）选取农作物播种面积来表示，可以直观、准确地反映出现代农业生产过程中土地资源的投入情况。本书所界定的农业包括农林牧渔业，因此，在指标选取上除了农作物播种面积这一指标，还选取了水产品养殖面积。各变量的具体指标选取如表5-1所示，其中金融发展指标体系和农业现代化指标体系见本书第四章。

表 5-1   农业现代化各影响因素的指标

综合指标	二级	三级指标
土地评价指标	农业	农作物总播种面积
	渔业	水产品养殖面积
劳动力评价指标	数量	农林牧渔业就业人员
	素质	农村居民家庭高中文化程度的劳动力（%）
		农村居民家庭中专文化程度的劳动力（%）
资本评价指标	生产资本	化肥施用量
		农用柴油使用量
		农药使用量
		农用塑料薄膜使用量
	财政资本	地方财政支出：农林水事务支出（亿元）

本书主要考察金融发展与农业现代化的动态关系，因此将金融发展作为解释变量之一考察金融发展与农业现代化的动态关系。影响农业现代化的生产投入要素的主要有土地、劳动力和资本等因素。因此，本书将以农业现代

化综合得分作为被解释变量，将金融发展综合得分（Finance）、土地
（Land）、劳动力（Labor）和资本（Capital）作为解释变量。

5.1.2 数据来源及数据处理

本书研究中涉及中国31个省份的2009～2015年的面板数据，数据的主要
来源是 Wind 资讯、国家统计局官方网站和历年各省市的统计年鉴。各样本数
据来源的官方发布保证了本书研究中所选取的数据的客观性和可靠性。具体
步骤如下：首先，利用公式（4－1）对数据进行标准化处理；其次，利用第
4 章中所述的主成分因子分析法对指标赋权重；最后，分别计算土地、劳动
力、资本的综合得分。R_{LAND}、R_{LABO} 和 R_{CAPI} 分别代表土地综合得分、劳动力综
合得分和资本综合得分。农业现代化评价得分和金融发展综合得分分别为 R_A
和 R_F，沿用本书第四章中的计算结果，本章分别记为农业现代化（AGRI）、
金融发展（FINA）、土地（LAND）、劳动力（LABO）、资本（CAPI）。

5.1.3 Panel VAR 模型

面板数据指的是在时间序列上取多个截面，在这些截面上同时选取样本
观测值所构成的样本数据，反映了空间和时间两个维度的经验信息。本书所
选取的数据为2009～2015年时间序列数据上中国31个省份的多个截面数据。

蒙德拉克（Mundlak，1961）、巴莱斯特拉和纳洛夫（Balestraand Nerlove，
1966）将面板数据引入计量经济学，巴泽尔（Barzel，1963）对面板数据的研
究进一步拓展，对面板数据模型设定检验，标志着面板数据的计量经济学模
型理论体系的建立。目前，我国进行面板数据模型的研究主要应用于宏观经
济领域和金融市场领域。

面板数据模型定义为：

$$Y_{it} = \alpha + X_{it}\beta_i + \mu_{it}, \; i = 1, \cdots, n, \; t = 1, \cdots, T \tag{5－1}$$

其中，X_{it} 为 $1 \times K$ 向量，β_i 为 $K \times 1$ 向量，K 为被解释向量的数量，μ_{it} 为随机误
差项，α 为截距项，$i = 1, \cdots, n$ 中 n 表示面板数据中的个体个数，$t = 1, \cdots, T$

中 T 表示面板数据中时间的长度。

VAR 模型是一种非结构化的模型，模型通过现实中的经济数据来确定整个经济系统的动态关系，而不是依靠经济理论。因此，在建立 VAR 模型时不用事先提出理论上的假设，而是通过对现代的经济时间序列所提供的信息来验证各经济变量之间的理论关系。

VAR 模型的表达式为：

$$Y_t = \mu + A_1 Y_{t-1} + \cdots + A_p Y_{t-p} + \varepsilon_1, t = 1,2,\cdots,T \tag{5-2}$$

其中，

$$Y_{t-1} = \begin{bmatrix} Y_{1t-i} \\ Y_{2t-i} \\ \vdots \\ Y_{kt-i} \end{bmatrix}, t = 1,2,\cdots,p; A_j = \begin{bmatrix} a_{11,j} & a_{11,j} & \cdots & a_{1k,j} \\ a_{21,j} & a_{21,j} & \cdots & a_{2k,j} \\ \vdots & \vdots & \ddots & \vdots \\ a_{k1,j} & a_{k1,j} & \cdots & a_{kk,j} \end{bmatrix}, j = 1,2,\cdots,p$$

$$\mu = (\mu_1, \mu_2, \cdots \mu_k)'; \varepsilon = (\varepsilon_{1t}, \varepsilon_{2t}, \cdots \varepsilon_{kt})'$$

这是一个含有 k 个变量的 VAR 模型，Y_t 表示 k 维内生变量向量，p 为滞后阶数，T 为样本数，A_1，$\cdots$，A_p 为 k×k 维的系数矩阵，ε 是 k 维扰动向量。

Panel VAR 模型对于面板数据有着广泛的应用，面板 VAR 模型最早由霍尔茨伊肯和罗斯于 1988 年提出（Holtz-Eakin and Rose, 1988），由于其放松了传统 VAR 模型需要较大样本观测值的要求，目前在相关问题的分析中得到了广泛应用，其模型为：

$$\lambda_0 y_{i,t} = \sum_j^k \lambda_i y_{i,t-1} + \eta_i + \varphi_t + \varepsilon_{i,t} \tag{5-3}$$

其中，i = 1，2，3，$\cdots$，31，表示省域，t = 2009，2010，$\cdots$，2015，表示年份，λ_0 表示变量相关矩阵，$y_{i,t}$ 为内生变量矩阵，$y_{i,t-j}$ 为内生变量滞后项所组成的解释变量矩阵，λ_j 表示滞后 j 阶的估计矩阵，η_i 为省域之间差异的固定效应项，φ_t 为不随着地域变化的时间固定效应，$\varepsilon_{i,t}$ 为随机扰动项。$y_{i,t}$ 共包含五个向量，分别为农业现代化（AGRI）、金融发展（FINA）、土地（LAND）、劳动力（LABO）、资本（CAPI）。

5.2 金融发展与农业现代化动态关系的验证

本部分建立 Panel VAR 模型动态分析金融发展和农业现代化的关系。先运用单位根检验判断各个变量的平稳性，然后利用 SC 信息准则确定滞后阶数，构建 PVAR 模型，再对模型的稳定性进行检验后，依次进行 Granger 因果检验，面板方差分解分析和面板脉冲响应函数分析，检验金融发展和农业现代化的内在依存和因果关系。

5.2.1 面板单位根检验

为了避免所建立的模型出现伪回归问题，建立 PVAR 模型要求所有变量同阶单整。因此，在建立 PVAR 模型之前，首先要求对各变量进行面板单位根检验，本书采用 LLC（Levin，Lin & Chu）统计量、ADF-Fisher Chi-square 统计量、PP-Fisher Chi-square 统计量进行检验。其中 LLC 检验为相同根单位根检验，ADF-Fisher Chi-square 检验、PP-Fisher Chi-square 检验为不同根单位根检验，如果各种检验均拒绝了存在着单位根的原假设，则认为该序列为平稳的，否则为不平稳。表 5-2 为各变量的单位根检验结果，显示 AGRI、FINA、LAND、CAPI 的原始序列可以通过 LLC、ADF-Fisher 和 PP-Fisher 检验，但是 LABO 的原序列无法通过 LLC、ADF-Fisher 和 PP-Fisher 检验，说明 LABO 的原序列为不平稳的。将各变量进行一阶差分后，再进行各种检验后，各变量在 1% 的显著水平下都可以顺利通过检验，说明一阶差分后，所有变量都为平稳的（见表 5-2）。

表 5-2　　　　　　　　　　向量面板单位根检验

向量	LLC		ADF-Fisher		PP-Fisher	
	t 统计值	p 统计值	t 统计值	p 统计值	t 统计值	p 统计值
AGRI	− 0.6771 ***	0.0001	111.1920 ***	0.0001	147.8370 ***	0.0000
d(AGRI)	− 18.5528 ***	0.0000	166.4680 ***	0.0000	219.4410 ***	0.0000
FINA	− 26.7455 ***	0.0000	91.3875 ***	0.0000	154.185 ***	0.0000

向量	LLC		ADF-Fisher		PP-Fisher	
	t 统计值	p 统计值	t 统计值	p 统计值	t 统计值	p 统计值
d(FINA)	− 23.0272 ***	0.0000	124.47 ***	0.0000	160.536 ***	0.0000
LAND	− 15.4027 ***	0.0000	145.501	0.0000	264.781 ***	0.0000
d(LAND)	− 23.3638 ***	0.0000	128.69 ***	0.0000	166.141 ***	0.0000
LABO	7.0751	1.0000	20.4867	1.0000	18.0363	1.0000
d(LABO)	− 5.53943 ***	0.0000	106.287 ***	0.0004	102.567 ***	0.0009
CAPI	− 8.27056 ***	0.0000	170.98 ***	0.0000	197.444 ***	0.0000
d(CAPI)	− 21.6214 ***	0.0000	118.502 ***	0.0000	202.319 ***	0.0000

注：*** 表示1%的显著性水平。

5.2.2　Panel VAR 模型的构建

由前文分析可知，变量 AGRI、FINA、LAND、LABO、CAPI 均为 I（1）序列，如果利用原序列直接建立面板 VAR 模型，会造成模型不稳定而且脉冲响应函数不收敛，致使脉冲响应函数没有意义。为此，本书采用五个变量 AGRI、FINA、LAND、LABO、CAPI 的一阶差分建立面板 VAR 模型。

5.2.2.1　滞后阶数的确定

构建 Panel VAR 模型时，首先需要确定滞后阶数。如果滞后阶数过多，会造成模型中所需要估计的参数过多，便会影响模型的自由度；如果滞后阶数过少，则会无法反映模型的整体特征。本书利用 SC 信息准则，运用 EViews8.0 考察滞后阶数，结果如表 5 – 3 所示。检验结果显示，滞后 1 期为最佳滞后期，确定滞后阶数为 1，并建立滞后阶数为 1 期的 Panel VAR（1）模型。

表 5 – 3　　　　　　　　　　滞后阶数的确定

Lag	0	1	2	3	4	5
SC	8.576584	− 10.62322 *	− 10.58838	− 10.24418	− 10.01648	− 9.876171

注：* 表示最佳滞后期；SC 为施瓦兹信息准则。

5.2.2.2 模型的稳定性检验

为了确保进行面板脉冲响应函数分析时的收敛性，构建 Panel VAR 模型后，首先要对模型的稳定性进行检验。检验结果如表 5 - 4 和图 5 - 1 所示。Panel VAR 模型稳定条件是 Panel VAR 模型对应的特征方程的特征根的绝对值小于 1，检验结果表明，本书所构建的 Panel VAR 模型的根的模均小于 1（见表 5 - 4），而且处于单位圆内（见图 5 - 1），说明本书所构建的 Panel VAR 模型是稳定的。

表 5 - 4　　　　　　　　　　　PVAR 模型稳定性检验

根	0. 691929	- 0. 552728	0. 349266	0. 311891 0. 138845i	0. 311891 + 0. 138845i
模	0. 691929	0. 552728	0. 349266	0. 3414	0. 3414

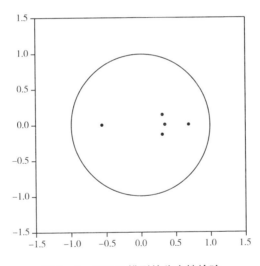

图 5 - 1　PVAR 模型的稳定性检验

5.2.2.3 Granger 因果关系检验

利用 Panel VAR 模型可以检验经济时间序列的各变量之间的因果关系。为了探讨各因素的变动是否能够引起农业现代化的变动，本书采用 Granger 因果关系对此进行检验，结果如表 5 - 5 所示。

表 5 - 5   **Granger 因果关系检验**

因变量：D(AGRI)

解释变量	Chi-sq	df	Prob.
D(CAPI)	0.003133	1	0.9554
D(FINA)	6.914759	1	0.0085
D(LABO)	0.051201	1	0.8210
D(LAND)	8.920398	1	0.0028
All	14.14199	4	0.0069

在 D（AGRI）方程中，拒绝 D（FINA）和 D（LAND）不是 D（AGRI）的 Granger 原因的原假设，表明 FINA 和 LAND 对 AGRI 具有显著的 Granger 影响，FINA 和 LAND 是 AGRI 的 Granger 原因；不能拒绝的 D（CAPI）和 D（LABO）不是 D（AGRI）的 Granger 原因的原假设，表明 CAPI 和 LABO 对 AGRI 没有显著的 Granger 影响，CAPI 和 LABO 不是 AGRI 的 Grange 原因。FINA、LAND、LABO、CAPI 的联合检验拒绝了原假设，因此，FINA、LAND、LABO、CAPI 的联合对 AGRI 具有显著的 Granger 影响，是 AGRI 的 Granger 原因。

5.2.3 面板方差分解分析

对 Panel VAR 进行方差分解分析，可以观察各变量的贡献程度，用来分析在每个结构冲击中，对内生变量变化的贡献度。表 5 - 6 为 D（FINA）、D（CAPI）、D（LAND）、D（LABO）的变化量对 D（AGRI）变化量的贡献程度。结果显示，CAPI 变化量对 AGRI 变化量的贡献度从滞后 2 期到滞后 7 期基本稳定于 0.11%，到滞后 7 期达到 0.123383%，并保持稳定。总的来说，CAPI 变化量对 AGRI 变化量的贡献率较低，说明 FINA 变化量对 AGRI 变化量影响较小，这与上述的 CAPI 不是 AGRI 的 Grange 原因的分析相吻合。FINA 变化量对 AGRI 变化量的贡献度从滞后 3 期到滞后 7 期逐渐增加，到滞后 7 期达到 1.914114%，并保持稳定。总的来说，FINA 变化量对 AGRI 变化量有明显的贡献率，说明 FINA 变化量对 AGRI 变化量影响较大，这与上述的 FINA 是 AGRI 的 Grange 原因的分析相吻合。LABO 变化量对 AGRI 变化量的贡献度从滞后 2 期到滞后 7 期逐渐增加，到滞后 7 期达到 1.377950%，并保持稳定。总的来说，LABO 变化量对 AGRI 变化量有明显的贡献率，说明 LABO 变化量对 AGRI 变化量影响较大。LAND 变化量对 AGRI 变化量的贡献度从滞后 4 期到滞后 7 期基本稳定于 2.37% ~ 2.38%，到滞后 7 期达到 2.380854%，并保持稳定。总的来说，LAND 变化量对 AGRI 变化量有明显的贡献率，说明 LABO 变化量对 AGRI 变化量影响较大，这与上述的 LAND 是 AGRI 的 Grange 原因分析相吻合。

表 5 - 6　　　　　　　　　面板方差分解分析

滞后期	S. E.	D(AGRI)	D(CAPI)	D(FINA)	D(LABO)	D(LAND)
1	0.091624	100.0000	0.000000	0.000000	0.000000	0.000000
2	0.104145	95.38187	0.119434	1.767543	0.255202	2.475952
3	0.108149	94.71546	0.111433	1.684435	1.192458	2.296218
4	0.109335	94.34054	0.113086	1.877527	1.278149	2.390694
5	0.109691	94.25631	0.119343	1.879926	1.363635	2.380783
6	0.109809	94.21775	0.122070	1.910816	1.369827	2.379540
7	0.109845	94.20370	0.123383	1.914114	1.377950	2.380854

乔利斯基分解顺序：D (AGRI) D (CAPI) D (FINA) D (LABO) D (LAND)。

5.2.4　面板脉冲响应函数分析

脉冲响应函数所描述的是在其中一个内生变量的随机误差项上施加一个标准差大小的冲击后对所有内生变量的当期值和未来值的影响，只有在每个向量都平稳且模型也平稳的前提下，脉冲响应函数才是收敛的，本书满足脉冲响应函数的条件，结果如表 5 - 7 和图 5 - 2 所示。

表 5 - 7　　　　　　　　　面板脉冲响应函数分析

滞后期	D (CAPI)	D (FINA)	D (LABO)	D (LAND)
1	0.000000 (0.00000)	0.000000 (0.00000)	0.000000 (0.00000)	0.000000 (0.00000)
2	0.003599 (0.00911)	0.013846 (0.00696)	- 0.005261 (0.01796)	0.016387 (0.00557)

续表

滞后期	D（CAPI）	D（FINA）	D（LABO）	D（LAND）
3	0.000282 (0.00482)	0.002303 (0.00258)	−0.010573 (0.00729)	0.000159 (0.00213)
4	−0.000696 (0.00237)	0.005237 (0.00327)	−0.003650 (0.00509)	0.004149 (0.00236)
5	−0.000917 (0.00167)	0.001325 (0.00196)	−0.003359 (0.00327)	−0.000821 (0.00137)
6	−0.000600 (0.00084)	0.002052 (0.00174)	−0.001048 (0.00196)	0.000682 (0.00108)
7	−0.000410 (0.00056)	0.000740 (0.00117)	−0.001043 (0.00128)	−0.000588 (0.00067)

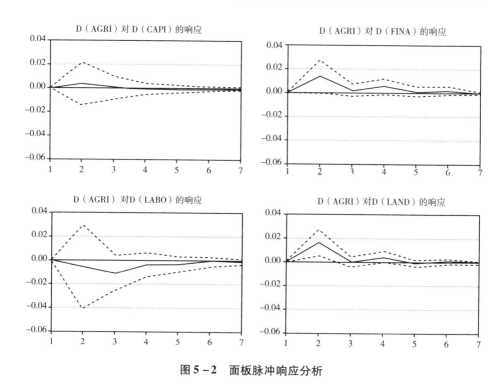

图 5 − 2　面板脉冲响应分析

如图 5 − 2 所示，当在本期给资本一个正冲击之后，农业在第 2 期达到峰值 0.003599，即在第 2 期，D(AGRI) 对 D(CAPI) 的响应是 0.003599。从第 2 期开始，逐渐下降，到第 3 期后趋于平稳。这表明当资本受到外部条件的某一冲击后, 会传递给农业, 而且这一冲击具有显著的作用。

当在本期给金融发展一个正冲击之后, 农业会在前 5 期上下小幅度震荡, 并于第 2 期达到峰值, 此时峰值为 0.013846, 即在第 2 期, D(AGRI) 对 D(FINA) 的响应是 0.013846, 从第 6 期开始趋于平稳。这表明当金融发展受到外部条件的某一冲击后, 会传递给现代农业, 给农业发展造成冲击, 但是这一冲击的作用很微弱, 并不显著。

当在本期给劳动力一个正冲击之后, 农业会在前 6 期上下小幅度震荡, 并于第 3 期达到最低值, 此时值为 - 0.010573, 即在第 3 期, D(AGRI) 对 D(LABO) 的响应是 - 0.010573, 从第 6 期开始趋于平稳。这表明当劳动力受到外部条件的某一冲击后, 会传递给现代农业, 给农业造成反方向的冲击, 但是这一冲击的作用很微弱, 并不显著。

当在本期给土地一个正冲击之后, 农业会在前 5 期上下小幅度震荡, 并于第 2 期达到峰值, 此时峰值为 0.016387, 即在第 2 期, D(AGRI) 对 D(LAND) 的响应是 0.016387, 从第 6 期开始趋于平稳。这表明当土地受到外部条件的某一冲击后, 会传递给农业, 给农业造成同样的冲击, 但是这一冲击的作用很微弱, 并不显著。

5.3 本 章 小 结

本章构建了 Panel VAR 模型, 对金融发展与农业现代化的动态关系进行了实证分析。利用中国 31 个省份 2009~2015 年的面板数据, 选取了土地、劳动力、资本和金融发展作为对农业现代化的影响因素, 构建 Panel VAR 模型, 实证检验金融发展与农业现代化之间的动态关系。通过 Granger 因果检验、面板方差分解分析和面板脉冲响应分析得到的主要结论为: (1) 金融发展与农业现代化之间存在着格兰杰因果关系。(2) 在农业现代化的各影响因素中, 土地的变化量对农业现代化的变化影响最显著, 其次金融发展水平的变化对农业现代化水平的变化影响较为显著, 再次是劳动力的变化对农业现代化水平变化的影响, 资本的变化对农业现代化的影响不显著。(3) 金融发展对农业现代化有显著的正向效应，金融发展水平的提高对农业现代化的贡献度远远大于农业生产过程中资本的投入。

通过以上分析的结论，认为在中国农业现代化的进程中，除了土地、劳动力、资本对农业的影响外，金融发展对农业现代化有着显著的影响，这种影响远远大于农业生产过程中的资本投入，说明金融发展水平与农业现代化之间具有较强的相关关系。因此，这也为本书后续展开的金融发展与农业现代化的匹配度分析和金融发展与农业现代化的匹配路径分析奠定了实证的基础。

第6章
金融发展与农业现代化的匹配度分析

本章利用中国31个省份2009～2015年的面板数据，通过前文构建金融发展和农业现代化评价指标体系，计算中国各省份金融发展综合指数和农业现代化综合指数，利用综合指数计算2009～2015年中国31个省份农业现代化的金融发展弹性系数，分析不同省份在不同时期所处的农业发展阶段；构建金融发展—农业现代化匹配度模型（F－A模型），计算中国东、中、西部地区及31个省份的金融发展与农业现代化的匹配度，分析不同地区处于农业现代化的不同时期，金融发展与农业现代化的匹配度对农业现代化的影响。

6.1　农业现代化的金融发展弹性系数的计算

根据公式（1－3）对农业现代化的金融发展弹性系数的定义和对金融发展与农业现代化的作用关系的理论假设，利用中国31个省份的2009～2015年的面板数据，计算2009～2015年中国31个省份金融发展综合指数和农业现代化综合指数，利用综合指数计算得出2009～2015年中国31个省份农业现代化的金融发展弹性系数，实证分析中国31个省份不同年份所处的农业发展阶段。

为了便于分析和比较，参考（王琪延、罗栋，2009）所运用的正态标准化得分的方法，获得农业现代化综合指数和金融发展综合指数。采用正态综合的方法计算综合指数，不仅可以得到标准化的数据，还能够充分体现数据的厚度，增加数据的可比性和数据质量的稳定性。标准化正态得分的方法在考虑了数据的分布情况后，更符合单一数值所处的排名；在约定了单个指标标准化数据的变化范围后，防止不同的省份有数量级差别的过大或过小极值变化对汇总指数的影响。这种方法的限制条件是对指标数据数量具有要求，本书由于样本容量达到 217 个，已完全符合标准。根据第四章中所计算的金融发展综合得分和农业现代化综合得分，利用公式（6 - 1）和公式（6 - 2）进行正态化处理，分别计算农业现代化综合指数和金融发展综合指数。

$$\phi_A = (R_A + 1) \times 100 \qquad (6-1)$$

$$\phi_F = (R_F + 1) \times 100 \qquad (6-2)$$

其中，ϕ_A 和 ϕ_F 分别代表农业现代化综合指数和金融发展综合指数，R_A 和 R_F 分别为农业现代化评价得分和金融发展综合得分。

6.1.1 中国 31 个省份的金融发展综合指数和农业现代化综合指数

经计算中国 31 个省份 2009 ~ 2015 年的农业现代化综合指数如表 6 - 1 所示，金融发展综合指数如表 6 - 2 所示。由表 6 - 1 可以看出，2009 ~ 2015 年，中国 31 个省份农业现代化综合指数均呈上升趋势，说明 2009 ~ 2015 年，中国 31 个省份的农业现代化水平在稳步提升。2009 年时，中国 31 个省份中农业现代化综合指数排名在前 10 名的省份分别为山东省、广东省、辽宁省、湖南省、福建省、江西省、浙江省、江苏省、湖北省、河南省；2015 年时，排名在前 10 名的为山东省、广东省、福建省、湖南省、江苏省、浙江省、湖北省、辽宁省、河南省、江西省。从排名看，福建省的农业现代化综合指数排名从 2009 年第 5 位上升到了 2015 年的第 3 位；江苏省的农业现代化综合指数排名从 2009 年第 8 位上升到了 2015 年的第 5 位；湖北省从 2009 年第 9 位上升到了 2015 年的第 7 位；河南省从 2009 年第 10 位上升到了 2015 年的第 9 位；浙江省从 2009 年第 7 位上升到了 2015 年的第 6 位；江西省从 2009 年第 6

位下降到了 2015 年的第 10 位；辽宁省从 2009 年第 3 位下降到了 2015 年的第 8 位。综合来看，2009～2015 年 7 年间，农业现代化综合指数排名在前 10 名的省份没有变化，其中福建省、江苏省、湖北省、河南省、浙江省在排名上都呈上升趋势，江西省、辽宁省在排名上都呈下降趋势。

表 6 - 1　　　　中国 31 个省份 2009～2015 年农业现代化综合指数

省份	2009 年	2010 年	2011 年	2012 年	2013 年	2014 年	2015 年
北京	45.09	58.89	74.36	87.64	92.93	106.29	107.09
天津	19.42	22.65	28.32	32.41	36.76	39.89	42.94
河北	95.42	100.17	104.76	107.19	111.65	120.41	136.22
辽宁	127.76	132.34	142.26	148.85	154.6	157.74	186.81
上海	41.21	46.72	56.47	76.03	78.95	86.14	92.73
江苏	115.29	124.54	140.98	151.42	158.87	173.27	200.12
浙江	118.96	136.64	162.41	174.55	180.17	184.12	188.23
福建	125	133.91	143.77	160.63	175.09	187.61	207.09
山东	160.65	178.25	188.78	192.37	218.24	236.12	261.98
广东	134.19	153.82	165.02	179.13	195.48	197.55	228.67
广西	98.31	105.89	112.72	131.5	145.33	152.8	166.51
海南	82.06	85.48	87.18	99.66	108.8	118.48	124.23
山西	28.75	31.32	34.25	37.57	41.32	46.44	55.27
内蒙古	66.67	73.48	79.53	84.82	90.29	93.17	96.31
吉林	74.58	78.65	84.05	88.78	93.28	105.53	122.01
黑龙江	93.57	97.93	102.31	110.46	120.6	139.36	146.63
安徽	100.39	106.89	119.94	130.52	144.01	155.56	174.53
江西	120.93	129.13	134.61	149.45	153.28	160.91	177.44
河南	100.66	108.83	116.58	129.36	137.54	156.83	180.83
湖北	108.72	112.28	120.82	132.74	149.21	162.54	187.95
湖南	127.07	132.98	144.93	156.68	162.4	178.23	200.14
重庆	31.6	36.27	42.15	51.08	60.99	69.65	71.96
四川	98.12	105.23	112.36	120.92	126.86	136.53	148.32
贵州	36.97	43.41	46.88	49.02	54.29	61.39	68.88
云南	80.05	83.32	96.99	104.04	110.67	117.38	134.81

续表

省份	2009 年	2010 年	2011 年	2012 年	2013 年	2014 年	2015 年
西藏	4.22	6.34	8.39	10.44	12.98	14.25	16.22
陕西	48.4	49.8	52.6	61.62	66.86	73.61	84.15
甘肃	26.61	29.05	32.86	33.93	36.13	42.64	50.37
青海	6.38	8.89	9.43	12.14	14.02	15.98	18.7
宁夏	13.89	16.15	18.43	21	23.96	28.25	31.02
新疆	49.1	54.22	57.54	59.66	63.68	69.64	76.03

2009 年时，中国 31 个省份中农业现代化综合指数排名在后 10 名的省份分别为西藏自治区、青海省、宁夏回族自治区、天津市、山西省、甘肃省、重庆市、贵州省、上海市、北京市；2015 年时，排名在后 10 名的分别为西藏自治区、青海省、宁夏回族自治区、甘肃省、山西省、天津市、贵州省、重庆市、新疆维吾尔自治区、陕西省。其中，贵州省从 2009 年倒数第 8 位上升到了 2015 年的倒数第 7 位；陕西省从 2009 年倒数第 11 位上升到了 2015 年的倒数第 10 位；新疆维吾尔自治区从 2009 年倒数第 12 位上升到了 2015 年的倒数第 9 位；上海市从 2009 年倒数第 9 位下降到了 2015 年的倒数第 11 位；北京市从 2009 年倒数第 10 位下降到了 2015 年的倒数第 13 位；重庆市从 2009 年倒数第 7 位下降到了 2015 年的倒数第 8 位。综合来看，2009 ~ 2015 年 7 年间，农业现代化综合指数排名在后 10 名的省份中贵州省、陕西省、新疆维吾尔自治区的农业现代化综合指数的排名下降，上海市、北京市和重庆市农业现代化综合指数的排名上升。

表 6 - 2　　　　中国 31 个省份 2009 ~ 2015 年金融发展综合指数

省份	2009 年	2010 年	2011 年	2012 年	2013 年	2014 年	2015 年
北京	223.85	241.81	277.47	298.05	334.92	377.66	406.08
天津	93.64	106.01	121.92	137.74	155.05	170.04	186.69
河北	64.22	73.46	85.02	93.35	101.32	108.82	118.88
辽宁	80.58	89.49	98.76	112.65	125.10	133.70	146.81
上海	249.98	257.09	269.92	297.45	306.04	326.61	359.08
江苏	113.79	123.20	143.87	167.79	186.91	205.80	232.62

续表

省份	2009 年	2010 年	2011 年	2012 年	2013 年	2014 年	2015 年
浙江	134.13	143.17	165.97	188.40	204.34	215.22	238.58
福建	63.53	70.97	83.75	99.63	109.51	120.89	140.82
山东	101.40	119.17	115.61	127.72	144.70	158.02	177.95
广东	192.91	198.77	222.02	240.65	257.06	273.22	305.99
广西	27.72	32.19	40.61	49.72	57.67	65.25	75.25
海南	24.86	27.09	35.78	45.68	52.95	60.41	69.49
山西	54.18	66.96	76.23	84.18	91.10	99.02	108.60
内蒙古	46.48	59.92	70.62	84.14	100.31	110.24	119.64
吉林	46.10	52.34	61.92	68.77	74.80	83.27	94.90
黑龙江	44.71	50.96	56.31	65.34	72.85	84.73	86.43
安徽	42.49	49.14	57.91	66.56	74.61	81.72	93.45
江西	32.32	37.69	44.96	54.34	61.15	67.33	78.00
河南	61.02	69.05	76.47	87.34	95.10	103.08	115.70
湖北	50.78	57.09	67.60	78.56	88.05	95.53	110.49
湖南	57.86	69.87	66.96	75.42	83.28	90.54	100.90
重庆	46.62	57.28	65.99	78.90	89.24	100.25	111.13
四川	65.21	73.33	85.30	101.12	110.01	123.33	139.91
贵州	20.12	23.99	32.94	37.03	42.53	49.42	59.54
云南	33.89	40.19	46.78	54.02	59.48	65.68	76.57
西藏	11.07	16.44	19.65	23.30	30.32	36.92	45.04
陕西	48.47	57.03	64.09	76.95	85.47	95.99	108.35
甘肃	25.47	30.14	38.42	42.12	47.78	54.41	63.79
青海	18.06	23.06	32.45	40.27	47.70	55.82	66.98
宁夏	28.51	34.41	40.33	50.00	58.24	66.03	73.79
新疆	37.48	43.17	48.48	58.39	65.05	73.45	83.24

由表 6-2 可以看出，2009～2015 年，中国 31 个省份的金融发展综合指数均呈上升趋势，说明 2009～2015 年，中国 31 个省份的金融发展水平在稳步提升。2009 年时，中国 31 个省份中金融发展指数排名在前 10 名的省份分别为上海市、北京市、广东省、浙江省、江苏省、山东省、天津市、辽宁省、

四川省、河北省；2015 年时，排名在前 10 名的省份为北京市、上海市、广东省、浙江省、江苏省、天津市、山东省、辽宁省、福建省、四川省。其中，北京市从 2009 年第 2 位上升到了 2015 年的第 1 位；天津市从 2009 年第 7 位上升到了 2015 年的第 6 位；福建省从 2009 年第 11 位上升到了 2015 年的第 10 位；山东省从 2009 年第 6 位下降到了 2015 年的第 7 位；上海市从 2009 年第 1 位下降到了 2015 年的第 2 位；四川省从 2009 年第 9 位下降到了 2015 年的第 10 位；河北省从 2009 年第 10 位下降到了 2015 年的第 12 位。综合来看，2009 ~ 2015 年 7 年间，金融发展综合指数排名在前 10 名的省份中北京市、天津市、福建省的排名都呈上升趋势，山东省、上海市、四川省、河北省在排名上都呈下降趋势。

2009 年时，中国 31 个省份中金融发展综合指数排名在后 10 名的省份分别为西藏自治区、青海省、贵州省、海南省、甘肃省、广西壮族自治区、宁夏回族自治区、江西省、云南省、新疆维吾尔自治区；2015 年时，排名在后 10 名的省份分别为西藏自治区、贵州省、甘肃省、青海省、海南省、广西壮族自治区、云南省、江西省、宁夏回族自治区、新疆维吾尔自治区。其中，青海省从 2009 年倒数第 2 位下降到了 2015 年的倒数第 4 位；海南省从 2009 年倒数第 4 位下降到了 2015 年的第 5 位；贵州省从 2009 年倒数第 3 位上升到了 2015 年的第 2 位；甘肃省从 2009 年倒数第 5 位上升到了 2015 年的第 3 位；宁夏回族自治区从 2009 年倒数第 7 位上升到了 2015 年的第 6 位；云南省从 2009 年倒数第 9 位上升到了 2015 年的第 7 位。综合来看，2009 ~ 2015 年 7 年间，金融发展综合指数排名在后 10 名的省份中青海省、海南省的整体排名都呈上升趋势，贵州省、甘肃省、宁夏回族自治区在整体排名上都呈下降趋势。

6.1.2　中国 31 个省份 A – F 弹性系数

本书第 1 章中提出了金融发展与农业现代化之间作用关系的理论假设，本部分根据该理论假设，通过对中国 31 个省份 2010 ~ 2015 年农业现代化的金融发展弹性系数（A – F 弹性系数）进行计算，对该理论假设进行实证检验。

为了较为精确地处理数据，本书运用了平均弹性进行计算，该计算方法如公式（6-3）所示：

$$E_{AF} = \frac{\Delta\phi_A \big/ \overline{\phi_A}}{\Delta\phi_F \big/ \overline{\phi_F}} = \frac{(\phi_{A_{ij}} - \phi_{A_{ii-1}}) \big/ \frac{1}{2}(\phi_{A_{ij}} + \phi_{A_{ii-1}})}{(\phi_{F_{ij}} - \phi_{F_{ij-1}}) \big/ \frac{1}{2}(\phi_{F_{ij}} + \phi_{F_{ij-1}})}$$

$$= \frac{(\phi_{A_{ij}} - \phi_{A_{ii-1}}) \big/ (\phi_{A_{ij}} + \phi_{A_{ii-1}})}{(\phi_{F_{ij}} - \phi_{F_{ij-1}}) \big/ (\phi_{F_{ij}} + \phi_{F_{ij-1}})} \tag{6-3}$$

其中，E_{AF} 为农业现代化的金融弹性，$\phi_{A_{ij}}$ 为 i 省份的第 j 年的农业现代化综合指数，$\phi_{F_{ij}}$ 为 i 省份的第 j 年的金融发展综合指数，i = 1，2，…，31，j = 2009，2010，…，2015。经计算，2010～2015 年，中国 31 个省份的 A - F 弹性系数如表 6-3 所示。

表 6-3 中国 31 个省份 2010～2015 年 A - F 弹性系数

省份	2010 年	2011 年	2012 年	2013 年	2014 年	2015 年
北京	3.44	2.30	1.16	1.10	0.89	0.10
天津	1.66	1.59	1.11	1.06	0.89	0.79
河北	0.36	0.31	0.25	0.50	1.06	1.39
辽宁	0.34	0.73	0.34	0.36	0.30	1.81
上海	4.47	3.88	3.04	1.32	1.34	0.78
江苏	0.97	0.80	0.47	0.45	0.90	1.18
浙江	2.12	1.17	0.57	0.39	0.42	0.21
福建	0.62	0.43	0.64	0.91	0.70	0.65
山东	1.10	1.09	1.13	1.01	1.60	1.04
广东	2.74	1.58	1.09	0.75	0.98	0.86
广西	0.50	0.27	0.76	0.67	0.41	0.60
海南	0.16	0.18	0.55	0.59	0.65	0.34
山西	0.41	0.69	0.93	1.20	1.40	1.88
内蒙古	0.38	0.48	0.37	0.36	0.33	0.41
吉林	0.42	0.40	0.52	0.59	1.15	1.11
黑龙江	0.35	0.44	0.52	0.81	1.14	1.16
安徽	0.43	0.70	0.61	0.86	0.85	0.86
江西	0.36	0.24	0.55	0.21	0.50	0.67
河南	0.63	0.67	0.78	0.72	1.63	1.23

续表

省份	2010 年	2011 年	2012 年	2013 年	2014 年	2015 年
湖北	0.28	0.43	0.63	1.03	1.05	1.00
湖南	0.55	0.81	0.68	0.60	1.11	1.07
重庆	0.67	1.06	1.07	1.44	1.14	0.32
四川	0.60	0.43	0.43	0.57	0.64	0.66
贵州	0.91	0.24	0.38	0.50	0.87	0.90
云南	0.61	0.59	0.49	0.64	0.59	0.90
西藏	0.76	0.83	0.67	0.55	0.48	0.65
陕西	0.18	0.47	0.87	0.78	0.83	1.10
甘肃	0.52	0.51	0.35	0.75	0.96	0.88
青海	0.54	0.10	0.73	0.85	0.94	0.79
宁夏	0.80	0.83	0.61	0.86	0.89	0.79
新疆	0.70	0.51	0.20	0.60	0.74	0.70

由表 6-3 可以看出，2010 年时，中国 31 个省份中，农业现代化的金融发展弹性系数大于 1 的省份分别为上海市、北京市、广东省、浙江省、天津市和山东省，其农业现代化的金融发展弹性系数分别为 4.47、3.44、2.74、2.12、1.66、1.10；其他省份的农业现代化金融发展弹性系数均小于 1。通过分析发现，2010 年，上海市、北京市、广东省、浙江省、天津市和山东省 6 个省份农业现代化水平的变化对金融发展的变化反应敏感，说明 2010 年，这 6 个省份的农业现代化水平已经处于传统农业向现代农业转型期。2015 年时，这 6 个省份的农业现代化的金融发展弹性系数分别为 0.78、0.10、0.86、0.21、0.79、1.04。可见，2010~2015 年间，这 6 个省份的农业现代化金融发展弹性系数都呈下降趋势。到 2015 年，上海市、北京市、广东省、浙江省、天津市的农业现代化水平已经达到现代农业发展阶段，随着农业现代化水平的不断提高，金融发展变化的百分率大于农业现代化变化的百分率，金融发展对农业现代化的影响将会趋于饱和状态，金融发展充分发挥了对农业现代化的促进作用，然后在边际效用递减的作用下，金融发展对农业现代化的促进程度逐渐降低。2010~2015 年山东省始终处于传统农业向现代农业转型期，农业现代化水平的变化对金融发展的变化敏感。

2015 年时，中国 31 个省份中，农业现代化的金融发展弹性系数大于 1 的省份分别为陕西省、辽宁省、河北省、河南省、江苏省、黑龙江省、吉林省、陕西省、湖南省、山东省、湖北省，其 A－F 弹性系数分别为 1.88、1.81、1.39、1.23、1.18、1.16、1.11、1.10、1.07、1.04、1.00；2010 年时，这 11 个省份的 A－F 弹性系数分别为 0.41、0.34、0.36、0.63、0.97、0.35、0.42、0.18、0.55、1.10、0.28。通过比较可以看出，2010 年这 11 个省份中仅有山东省的 A－F 弹性系数大于 1，说明除了山东省外，2010 年时其他 10 个省份农业现代化的变化对金融发展的变化均不敏感，还处于传统农业初始时期，金融发展对农业现代化的影响较小，但是到了 2015 年，这些省份都已经进入了传统农业向现代农业转型期，此时，农业现代化对金融的需求旺盛，金融发展有力地促进了农业现代化水平的提高。

6.2 金融发展—农业现代化匹配度模型

构建金融发展—农业现代化匹配度模型（F－A 模型），利用前文所计算的金融发展综合指数和农业现代化综合指数，计算中国东、中、西部地区和 31 个省份金融发展与农业现代化的匹配指数，并比较分析中国东、中、西部地区及 31 个省份金融发展与农业现代化的匹配度，分析处于农业现代化的不同发展阶段，不同地区金融发展与农业现代化的匹配程度的不同对农业现代化的影响。

6.2.1 金融发展—农业现代化匹配度模型的构建

本书中所指的匹配度主要是金融发展水平对农业现代化水平的匹配程度，即在农业现代化进程中，金融规模的扩大、金融结构的调整、金融深度的延伸等对农业现代化需要的满足程度和贡献作用。"匹配"一词来源于种群生态模型和传统的权变理论（范德文，1979），目前该理论已应用于社会科学多个领域，尤其是在组织理论和战略管理领域，"匹配"已经取代"权变"而成为核心概念（迈尔斯、斯诺，1994），科蒂等（1993）提出了结构理论所主张的复杂匹配，强调在不同的环境和情境下的多维度组织设计匹配。国内关于匹配度的计算，比较有代表性的是郝生宾等（2011）构建的企业技术战略与创新能力的匹配度测算模型，用来测算企业技术战略强度与创新能力，该模型如公式（6-4）所示。

$$f_{sc} = \sqrt{\sum_{i=1}^{3}(s_i^* - c_i)^2} \qquad (6-4)$$

其中，f_{sc}代表企业技术战略强度与创新能力水平总量匹配度，s_i^*为技术战略各子系统强度，c_i为创新能力各子系统水平，$i=1，2，3$。

贾云庆等（2014）沿用了郝生宾等（2008）在利用协同学理论所构建的技术能力和技术管理能力的耦合度模型中，对耦合协调度的划分方法，构建了高端装备制造行业中组织创新（OI）与技术创新（TI）的匹配模型。耦合度更多的是反映不同的事务之间相互配合或相互适应的程度。李耘涛等（2011）构建了企业员工胜任力—人力成本匹配度模型，该模型的基本思想是在分别计算了员工胜任力匹配度系数和员工人力资源成本匹配程度系数后，再计算员工胜任力—人力成本匹配度系数，如公式（6-5）所示：

$$V = \frac{V_1}{V_2} \qquad (6-5)$$

其中，V代表员工胜任力—人力成本匹配度系数，V_1为员工胜任力匹配程度系数，V_2为员工人力资源成本匹配程度系数。本书沿用李耘涛等（2011）对匹配度模型的构建方法，在计算出金融发展综合指数和农业现代化综合指数后，利用公式（6-6）计算金融发展和农业现代化的匹配指数，并以全国金融发展和农业现代化的匹配指数作为衡量各省份及各地区的金融发展和农业现代化的匹配程度的基准值，当该省份或地区的匹配指数大于或等于全国的匹配指数时，则认为该省份或地区的金融发展水平和农业现代化的匹配程度较高；当该省份或地区的匹配指数小于全国的匹配指数时，则认为该省份或地区的金融发展水平和农业现代化的程度较低。

$$\rho = \frac{\phi_F}{\phi_A} \qquad\qquad (6-6)$$

其中，ρ 为金融发展—农业现代化的匹配指数（F – A 匹配指数），ϕ_F 代表金融综合指数，ϕ_A 代表农业现代化综合指数。

6.2.2 中国 F – A 匹配指数

通过表 6 – 4 和图 6 – 1 可以看出，2009～2015 年中国金融发展与农业现代化匹配指数总体上来看呈上升趋势，说明 2009～2015 年中国的金融发展水平和农业现代化综合水平呈上升趋势，说明在经济发展过程中，金融业和农业发展稳健。2009～2015 年，中国金融发展的增长率为 98.85%，农业现代化的增长率为 67.28%，从增速来看，金融发展的增速要远远大于农业，这既与金融和农业的产业特征有关，也同时受到政治、经济、制度、自然等多种因素的影响。从 F – A 匹配指数来看，金融发展—农业现代化匹配指数（F – A 匹配指数）呈明显的上升趋势，说明 2009～2015 年，中国的金融发展对农业现代化的满足程度和贡献度在不断提高。本书以 2009～2015 年各年度的中国金融发展—农业现代化匹配指数（F – A 匹配指数）为基准，衡量 2009～2015 年度的中国 31 个省份和东部、中部、西部地区的金融发展和农业现代化的匹配程度。

表 6 – 4   2009～2015 年中国金融发展和农业现代化综合指数和 F – A 匹配指数

	2009 年	2010 年	2011 年	2012 年	2013 年	2014 年	2015 年
ϕ_f	65.12	72.87	82.92	94.94	104.95	115.75	129.49
ϕ_a	75.91	82.24	89.71	98.07	105.48	114.55	126.98
A – F 弹性系数		0.71	0.67	0.66	0.73	0.84	0.92
F – A 匹配指数	0.84	0.88	0.92	0.98	1.01	1.03	1.04

中国 31 个省份金融运行总体稳健，区域金融改革有了一定的成效。从银行业看，银行业发展平稳，中、西部银行业资产规模占全国比重进一步提高；地方法人银行业机构快速成长，城市商业银行和农村金融机构资产增速高于

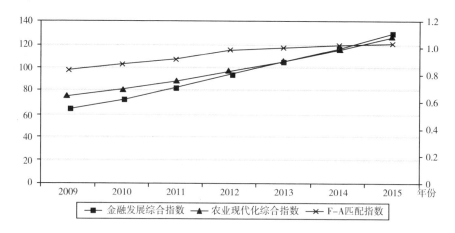

图 6 - 1　2009 ~ 2015 年中国金融发展和农业现代化综合指数及 F - A 匹配指数

银行业平均水平；面对不良资产上升压力，商业银行普遍加大了资本补充、拨备计提和不良贷款处置力度，各地区商业银行加权平均资本充足率和流动性比率有所上升，东部地区法人机构资本充足率上升较多；证券业机构资产管理规模、"新三板"挂牌公司数量和筹资额大幅增长；保险业保费收入增速进一步提高，经营效益提升，费率市场化等改革创新加快推进；各地区金融生态环境进一步优化，中小企业和农村信用体系建设全面推进；中、西部地区支付业务占比上升；31 个省份的货币信贷总量与社会融资规模合理增长，为区域经济发展和供给侧结构性改革营造中性适度的货币金融环境；进一步盘活存量、优化增量，改善社会融资结构和信贷投向结构，支持实体经济"去产能、去库存、去杠杆、降成本、补短板"；在深化金融改革，充分发挥市场在资源配置中的决定性作用的基础上，金融运行效率和服务实体经济的能力都有所提高。

我国农业的主要矛盾由总量不足转变为结构性矛盾，突出表现为阶段性供过于求和供给不足并存，矛盾的主要方面在供给侧。近几年，我国在农业转方式、调结构、促改革等方面进行积极探索，为进一步推进农业转型升级打下一定基础，但农产品供求结构失衡、要素配置不合理、资源环境压力大、农民收入持续增长乏力等问题仍很突出，深入推进农业供给侧结构性改革，培育农业农村发展新动能；推进农业供给侧结构性改革，要在确保国家粮食安全的基础上，紧紧围绕市场需求变化，以增加农民收入、保障有效供给为主要目标，以提高农业供给质量为主攻方向，以体制改革和机制创新为根本途径，优化农业产业体系、生产体系、经营体系，提高土地产出率、资源利用率、劳动生产率，促进农业农村发展由过度依赖资源消耗、主要满足量的需求，向追求绿色生态可持续、更加注重满足质的需求转变（中共中央国务院，2017）。

观察 2010~2015 年中国 A－F 弹性系数（见表 6－4），可以看出，2010~2015 年中国的 A－F 弹性系数均小于 1，说明 2010~2015 年中国农业现代化的整体水平仍然处于传统农业发展阶段，农业现代化整体水平较低。虽然，随着 F－A 匹配指数的不断提高，中国农业现代化水平也在提高，但是金融发展对农业现代化的影响并不显著。

6.3 中国东、中、西部各省份 F－A 匹配指数

中国的省份目前分为东部省份、中部省份和西部省份三大经济地区，依据其经济发展水平与地理位置相结合长期演变而形成。1986 年召开的全国人大六届四次会议通过的"七五"计划，对中国东部地区、中部地区和西部地区进行了划分。

目前，根据国家统计局的统计标准，东部地区包括北京市、天津市、河北省、辽宁省、上海市、江苏省、浙江省、福建省、山东省、广东省、广西壮族自治区、海南省 12 个省份。东部地区有良好的农业生产条件，由于开发得较早，地理位置优越，在整个经济发展中的带动作用较大。中部地区包括山西省、内蒙古自治区、吉林省、黑龙江省、安徽省、江西省、河南省、湖北省、湖南省 9 个省份。中部地区位于内陆，属粮食生产基地。西部地区包括重庆市、四川省、贵州省、云南省、西藏自治区、陕西省、甘肃省、宁夏回族自治区、青海省、新疆维吾尔自治区 10 个省份。西部地区地形复杂，不利于农作物生长，开发得较晚，与东部和中部地区相比，经济发展水平较差。

6.3.1 中国东部地区各省份金融发展与农业现代化匹配程度

6.3.1.1 中国东部地区 12 个省份金融发展综合指数

通过表 6 - 5 和图 6 - 2 可以观察中国东部地区 12 个省份金融发展综合指数。可以看出，2009 ~ 2015 年，东部地区 12 个省份的金融发展综合指数整体上都呈上升趋势。其中，2015 年，东部地区北京市、上海市和广东省的金融发展综合指数分别为 406.08、359.08、305.99，位列东部地区的前三位。2015 年北京市、上海市和广东省的地区生产总值分别为 23 014.59 亿元、25 123.45 亿元、72 812.55 亿元，其中金融业增加值分别为 3 926.28 亿元、4 262.7 亿元、5 757.08 亿元；金融业增加值占地区生产总值的比例分别为 17.06%、16.57%、7.91%。[1] 可见，在这三个省份的地区生产总值中金融业增加值所占比重较高，尤其是北京市和上海市均超过了 15%，说明金融业为该三个省份的支柱型产业，金融发展水平较高。2009 ~ 2010 年时，北京的金融发展综合指数落后于上海，2011 ~ 2015 年北京的金融发展综合指数赶超了上海。说明近年来，北京的金融发展水平上升较快，主要是从金融规模、金融结构、金融深度和金融基础几个方面综合来看，北京的金融发展实力最强，其次是上海和广东。其中，海南省、广西壮族自治区和河北省的金融发展综合指数依次为 69.49、75.25、118.88，位列后三名。2015 年海南省、广西壮族自治区和河北省的地区生产总值分别为 28 902.21 亿元、16 803.12 亿元、29 806.11 亿元，其中金融业增加值分别为 242.82 亿元、1 018.01 亿元、1 480.92 亿元；金融业增加值占地区生产总值的比例分别为 6.56%、6.06%、4.97%。可见在这三个省份的地区生产总值中金融业所占比重较低。东部地区海南省金融发展综合指数最低，2009 年，海南的综合指数约为北京的 11.11%，2015 年为 17.11%，远远落后于金融发展水平较高的北京和上海。主要原因是海南省发展的主要产业为农业和旅游业，金融市场

---

① 资料来源：Wind 数据库。

的相对落后在一定程度上造成资本和其他资源的错配，金融创新不足和金融人才匮乏。

表6-5　　　2009～2015年中国东部地区12个省份金融发展综合指数

省份	2009 年	2010 年	2011 年	2012 年	2013 年	2014	2015 年
北京	223.85	241.81	267.47	308.05	324.92	377.66	406.08
天津	96.64	106.01	121.92	137.74	155.05	170.04	186.69
河北	64.22	73.46	85.02	93.35	101.32	108.82	118.88
辽宁	80.58	89.49	98.76	112.65	125.1	133.7	146.81
上海	249.98	257.09	269.92	297.45	306.04	326.61	359.08
江苏	113.79	123.2	143.87	167.79	186.91	205.8	232.62
浙江	134.13	143.17	165.97	188.4	204.34	215.22	238.58
福建	63.53	70.97	83.75	99.63	109.51	120.89	140.82
山东	108.4	119.17	125.61	127.72	144.7	152.02	167.95
广东	192.91	202.77	212.02	228.65	257.06	273.22	305.99
广西	27.72	32.19	40.61	49.72	57.67	65.25	75.25
海南	24.86	32.09	35.78	45.68	52.95	60.41	69.49

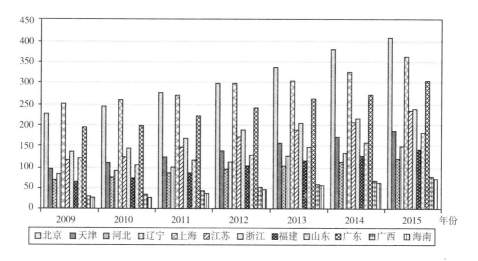

图6-2　2009～2015年中国东部地区12个省份金融发展综合指数

总体来看，中国东部地区的金融发展水平较高。2015 年，东部地区的北京市、江苏省、上海市、浙江省、广东省银行业资产规模占全国的40.9%；东部地区还是全国银行体系存款的主要来源，2015 年，其本外币存款余额占全国的比例为 58.7%，村镇银行和贷款公司占全国比重也远远高于中部地区和西部地区，分别为 34.1% 和 40.1%；从上市公司的数量来看，东部地区上市公司数量也是最多的，2015 年占全国的比重为 66.1%，其中广东、浙江、江苏、北京、上海五省份的上市公司数量均超过 200 家；证券公司、基金公司、期货公司数量分别占全国的 69.6%、98.0% 和 73.3%，其中，上海的基金公司、期货公司数量均列全国首位，分别占全国的 44.6% 和 20.7%，广东的证券公司数量居全国首位，占全国的 20%。[①]

6.3.1.2 中国东部地区各省份农业现代化综合指数

通过表 6 - 6 和图 6 - 3 可以观察中国东部地区 12 个省份 2009～2015 年农业现代化综合指数。可以看出，2009～2015 年，东部地区 12 个省份的农业现代化综合指数整体上都呈上升趋势，说明 2009～2015 年东部地区的农业现代化水平一直在提升。其中，2009～2015 年东部地区农业现代化综合指数排在前两名的省份始终为山东省、广东省。2015 年，山东省、广东省地区生产总值分别为 63 002.33 亿元、72 812.55 亿元，其中，农林牧渔业增加值分别为 5 182.9 亿元、3 425.4 亿元，所占比例分别为 8.23%、4.70%。天津市、上海市和北京市的农业现代化综合指数较低。主要原因是这三个市中，农业都不是其主导产业，农林牧渔业增加值占地区生产总值的比例较低。2015 年，天津市、上海市和北京市地区生产总值分别为 16 538.19 亿元、25 123.45 亿元、23 014.59 亿元，其中农林牧渔业增加值分别为 210.5 亿元、114 亿元、142.6 亿元，所占比例分别为 1.27%、0.45%、0.62%，远远低于山东省、广东省和福建省农林牧渔业增加值所占地区生产总值的比例。

表 6 - 6　　2009～2015 年中国东部地区 12 个省份农业现代化综合指数

省份	2009 年	2010 年	2011 年	2012 年	2013 年	2014 年	2015 年
北京	45.09	58.89	74.36	87.64	92.93	106.29	107.09
天津	19.42	22.65	28.32	32.41	36.76	39.89	42.94
河北	95.42	100.17	104.76	107.19	111.65	120.41	136.22

① 数据来源：Wind 数据库。

续表

省份	2009 年	2010 年	2011 年	2012 年	2013 年	2014 年	2015 年
辽宁	127.76	132.34	142.26	148.85	154.6	157.74	186.81
上海	41.21	46.72	56.47	76.03	78.95	86.14	92.73
江苏	115.29	124.54	140.98	151.42	158.87	173.27	200.12
浙江	118.96	136.64	162.41	174.55	180.17	184.12	188.23
福建	125	133.91	143.77	160.63	175.09	187.61	207.08
山东	160.65	178.25	188.78	192.37	218.24	236.12	261.98
广东	134.19	153.82	165.02	179.13	195.48	207.55	228.67
广西	98.31	105.89	112.72	131.5	145.33	152.8	166.51
海南	82.06	85.48	87.18	99.66	108.8	118.48	124.23

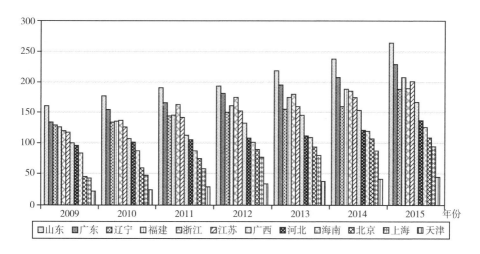

图 6-3 2009~2015 年中国东部地区 12 个省份农业现代化综合指数

6.3.1.3 中国东部地区 12 个省份 F-A 匹配指数

通过表 6-7 和图 6-4 可以观察中国东部地区 2009~2015 年 12 个省份 F-A 匹配指数。2009~2015 年东部地区 F-A 匹配指数中超过全国的 F-A 匹配指数的省份有上海市、北京市、天津市、广东省、浙江省和江苏省 6 个省份。由于这 6 个省份的 F-A 匹配指数较高，虽然这 6 个省市中农林牧渔业都不是其主导产业，农林牧渔业产值所占 GDP 的比例也很低，但是综合来看，上海市、北京市、天津市、广东省、浙江省和江苏省这 6 个省份的金融发展有效地推动了农业现代化进程。其中，河北省、辽宁省、山东省、福建省、海南省、广西壮族自治区的 F－A 匹配指数均低于全国水平，说明这些省份的金融发展与农业现代化是不匹配的，金融发展是农业现代化的"瓶颈"，制约了农业现代化的发展。

表6－7　　　　　2009～2015 年中国东部地区 12 个省份 F－A 匹配指数

省份	2009 年	2010 年	2011 年	2012 年	2013 年	2014 年	2015 年
北京	4.96	4.11	3.60	3.51	3.50	3.55	3.79
天津	4.98	4.68	4.31	4.25	4.22	4.26	4.35
河北	0.67	0.73	0.81	0.87	0.91	0.90	0.87
辽宁	0.63	0.68	0.69	0.76	0.81	0.85	0.79
上海	6.07	5.50	4.78	3.91	3.88	3.79	3.87
江苏	0.99	0.99	1.02	1.11	1.18	1.19	1.16
浙江	1.13	1.05	1.02	1.08	1.13	1.17	1.27
福建	0.51	0.53	0.58	0.62	0.63	0.64	0.68
山东	0.67	0.67	0.67	0.66	0.66	0.64	0.64
广东	1.44	1.32	1.28	1.28	1.32	1.32	1.34
广西	0.28	0.30	0.36	0.38	0.40	0.43	0.45
海南	0.30	0.38	0.41	0.46	0.49	0.51	0.56

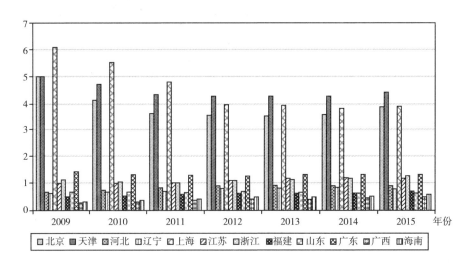

图6－4　2009～2015 年中国东部地区 12 个省份 F－A 匹配指数

6.3.2 中国中部地区各省份金融发展与农业现代化匹配程度

6.3.2.1 中国中部地区 9 个省份金融发展综合指数

通过表 6 - 8 和图 6 - 5 可以观察中国中部地区 9 个省份金融发展综合指数。可以看出，2009 ~ 2015 年，中部地区 9 个省份的金融发展综合指数整体上都呈上升趋势。中部地区各省份的金融发展综合指数较为均衡，最高分和最低分相差不大，金融发展综合指数从高到低依次为河南省、湖南省、山西省、湖北省、内蒙古自治区、吉林省、黑龙江省、安徽省和江西省。2015 年内蒙古自治区、河南省、湖北省、山西省、湖南省、吉林省、安徽省、黑龙江省和江西省的地区生产总值分别为 17 831.51 亿元、37 002.16 亿元、29 550.19 亿元、12 766.49 亿元、28 902.21 亿元、14 063.13 亿元、22 005.63 亿元、15 083.67 亿元、16 723.78 亿元，其中金融业增加值分别为 829.2 亿元、1 991.11 亿元、1 853.12 亿元、1 140.54 亿元、1 104.18 亿元、565.27 亿元、1 241.87 亿元、847.66 亿元、897.65 亿元；金融业占地区生产总值的比例分别为 4.65%、5.38%、6.27%、8.93%、3.82%、4.02%、5.64%、5.62%、5.37%。[1] 可见，中部地区 9 个省份的地区生产总值中金融业所占比重不高，整体来看，各省份之间的差异不大，较为均衡。

表 6 - 8　　　　2009 ~ 2015 年中国中部地区 9 个省份金融发展综合指数

省份	2009 年	2010 年	2011 年	2012 年	2013 年	2014 年	2015 年
山西	54.18	66.96	76.23	84.18	91.1	99.02	108.6
内蒙古	46.48	59.92	70.62	84.14	100.31	110.24	119.64
吉林	46.1	52.34	61.92	68.77	74.8	83.27	94.9
黑龙江	44.71	50.96	56.31	65.34	72.85	82.73	86.43
安徽	42.49	49.14	57.91	66.56	74.61	81.72	93.45

---

① 资料来源：Wind 数据库。

续表

省份	2009 年	2010 年	2011 年	2012 年	2013 年	2014 年	2015 年
江西	31.32	37.69	44.96	54.34	61.15	67.33	78
河南	61.02	69.05	76.47	87.34	95.1	103.08	115.7
湖北	50.78	57.09	67.6	78.56	88.05	95.53	110.49
湖南	57.86	62.87	69.96	78.42	83.28	90.54	100.9

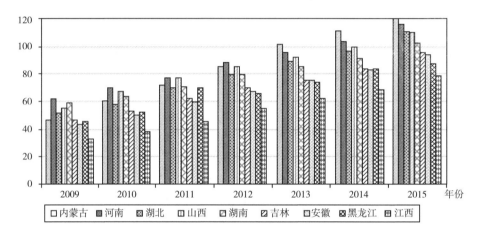

图 6-5　2009~2015 年中国中部地区 9 个省份金融发展综合指数

6.3.2.2　中国中部地区 9 个省份农业现代化综合指数

通过表 6-9 和图 6-6 可以观察中国中部地区 9 个省份农业现代化综合指数。可以看出，2009~2015 年，中部地区 9 个省份的农业现代化综合水平整体上都呈上升趋势。

其中 2015 年，中部地区农业现代化综合指数从高到低依次为湖南省、湖北省、江西省、安徽省、河南省、黑龙江省、吉林省、内蒙古自治区和山西省。2015 年湖南省、湖北省、江西省、安徽省、河南省、黑龙江省、吉林省、内蒙古自治区和山西省的农林牧渔业增加值分别为 3 462 亿元、3 417.3 亿元、4 348.4 亿元、1 827.8 亿元、2 550.3 亿元、4 348.4 亿元、2 687.8 亿元、1 644.6 亿元、1 643.8 亿元；农林牧渔业增加值占地区生产总值的比例分别为 11.98%、11.56%、10.93%、11.59%、11.75%、17.82%、11.69%、9.22%、6.49%。可以看出，中部地区 9 个省份中，农林牧渔业增加值占地区生产总值的比例中，内蒙古自治区和山西省所占的比例均低于 10%，从农业现代化综合排名来看，内蒙古自治区和山西省在中部地区排名也比较靠后。综合来看，2009～2015 年中国中部地区 9 个省份的农业现代化水平都呈上升趋势，各省份地区之间差异不大，发展相对均衡。中部地区农业生产条件优越、资源丰富，但是由于资金和技术等的制约，农业产业化水平不高，农业产品加工业不发达，因此，农业现代化整体水平不高。

表 6 - 9　　　　2009～2015 年中国中部地区 9 个省份农业现代化综合指数

省份	2009 年	2010 年	2011 年	2012 年	2013 年	2014 年	2015 年
山西	28.75	31.32	34.25	37.57	41.32	46.44	55.27
内蒙古	66.67	73.48	79.53	84.82	90.29	93.17	96.31
吉林	74.58	78.65	84.05	88.78	93.28	105.53	122.01
黑龙江	93.57	97.93	102.31	110.46	120.6	139.36	146.63
安徽	100.39	106.89	119.94	130.52	144.01	155.56	174.53
江西	120.93	129.13	134.61	149.45	153.28	160.91	177.44
河南	100.66	108.83	116.58	129.36	137.54	156.83	180.83
湖北	108.72	112.28	120.82	132.74	149.21	162.54	187.95
湖南	127.07	132.98	144.93	156.68	162.4	178.23	200.14

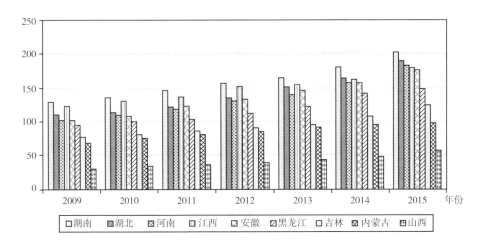

图 6 - 6　2009～2015 年中国中部地区 9 个省份农业现代化综合指数

6.3.2.3　中国中部地区 9 个省份 F – A 匹配指数

通过表 6 – 10 和图 6 – 7 可以观察中国中部地区 2009～2015 年 9 个省份金融与农业现代化匹配指数。2009 年、2011 年，只有山西省 F – A 匹配指数超过了全国水平，说明 2009 年山西省的金融发展与农业现代化是匹配的，内蒙古自治区、河南省、湖南省、吉林省、黑龙江省、湖北省、安徽省和江西省 F – A 匹配指数均低于全国水平，说明 2009 年这些省份的金融发展与农业现代化是不匹配的。2010 年、2012～2015 年，山西省和内蒙古自治区 F – A 匹配指数超过了全国水平，说明 2010 年、2012～2015 年山西省和内蒙古自治区金融发展与农业现代化是匹配的，河南省、湖南省、吉林省、黑龙江省、湖北省、安徽省和江西省的金融发展与农业现代化的匹配程度较低，在农业现代化的进程中，金融发展是农业现代化的"瓶颈"，制约了农业现代化的进程。

通过分析可以看出，在中部地区，农业现代化对金融的需求旺盛，在从传统农业向现代农业转型的过程中，亟需金融的投入，但是金融是稀缺资源，金融发展水平的低下成为我国中部地区农业现代化进程中的主要制约因素。尽管近几年来新型金融机构不断进入农村地区在一定程度上缓解了农业的金融需求难以满足的问题，但是农业发展的资金短缺问题并没有从根本上解决。因此，对于中部地区，应着力提高金融发展水平，加强金融创新，以满足农业现代化的金融需求。

表 6 – 10　　　2009～2015 年中国中部地区 9 个省份 F – A 匹配指数

省份	2009 年	2010 年	2011 年	2012 年	2013 年	2014 年	2015 年
山西	1.88	2.14	2.23	2.24	2.20	2.13	1.96
内蒙古	0.70	0.82	0.89	0.99	1.11	1.18	1.24
吉林	0.62	0.67	0.74	0.77	0.80	0.79	0.78
黑龙江	0.48	0.52	0.55	0.59	0.60	0.59	0.59
安徽	0.42	0.46	0.48	0.51	0.52	0.53	0.54
江西	0.26	0.29	0.33	0.36	0.40	0.42	0.44
河南	0.61	0.63	0.66	0.68	0.69	0.66	0.64
湖北	0.47	0.51	0.56	0.59	0.59	0.59	0.59
湖南	0.46	0.47	0.48	0.50	0.51	0.51	0.50

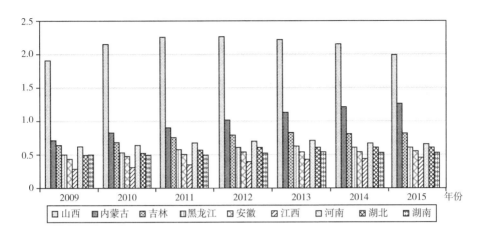

图 6 - 7　2009 ~ 2015 年中国中部地区 9 个省份 F - A 匹配指数

6.3.3　中国西部地区各省市金融发展与农业现代化匹配程度

6.3.3.1　中国西部地区 10 个省份金融发展综合指数

通过表 6 - 11 和图 6 - 8 可以观察中国西部地区 2009 ~ 2015 年 10 个省份金融发展综合指数。综合来看，2009 ~ 2015 年西部地区各省份金融发展水平呈上升趋势，地区间发展不均衡。其中，2015 年西部地区四川省、重庆市、陕西省的金融发展综合指数分别为 139.91、111.13、108.35，位列西部地区的前三位。2015 年四川省、重庆市、陕西省的地区生产总值分别为 30 053.1 亿元、15 717.27 亿元、18 021.86 亿元，其中金融业增加值分别为 2 202.23 亿元、1 410.18 亿元、1 082.37 亿元；金融业增加值占地区生产总值的比例分别为 7.33%、8.97%、6.01%。2015 年，西藏自治区、贵州省和甘肃省的金融发展指数依次为 45.04、59.54、63.79，位列后三名。2015 年西藏自治区、贵州省和甘肃省的地区生产总值分别为 1 026.39 亿元、10 502.56 亿元、6 790.32 亿元，其中金融业增加值分别为 68.05 亿元、607.11 亿元、443.12 亿元；金融业增加值占地区生产总值的比例分别为 6.63%、5.78%、6.53%。我国西部地区的金融发展存在着金融规模较小、金融结构不合理、金融生态环境较差、金融市场不健全等问题。因此，我国西部地区的金融发展水平整体不高，西部地区地方政府应适当干预以弥补其发展中的不足。

表 6 – 11　　　2009 ~ 2015 年中国西部地区 10 个省份金融发展综合指数

省份	2009 年	2010 年	2011 年	2012 年	2013 年	2014 年	2015 年
重庆	46.62	57.28	65.99	78.9	89.24	100.25	111.13
四川	65.21	73.33	85.3	101.12	110.01	123.33	139.91
贵州	20.12	23.99	32.94	37.03	45.53	52.42	59.54
云南	33.89	36.19	46.78	54.02	59.48	65.68	76.57
西藏	6.07	10.44	14.65	20.3	30.32	36.92	45.04
陕西	48.47	57.03	64.09	76.95	85.47	95.99	108.35
甘肃	25.47	30.14	38.42	42.12	45.78	54.41	65.79
青海	8.06	15.06	28.45	40.27	47.7	54.82	66.98
宁夏	28.51	34.41	40.33	50	58.24	70.03	78.79
新疆	37.48	43.17	48.48	58.39	65.05	73.45	83.24

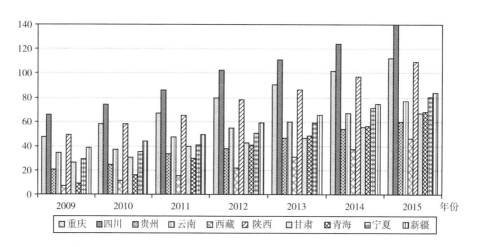

图 6 – 8　2009 ~ 2015 年中国西部地区 10 个省份金融发展综合指数

6.3.3.2　中国西部地区 10 个省份农业现代化综合指数

通过表 6 – 12 和图 6 – 9 可以观察中国西部地区 10 个省份农业现代化综合指数。2009 ~ 2015 年，西部地区 10 个省份的农业现代化综合指数都呈上升趋势。其中，2009～2015 年排在前三位的省份始终为四川省、云南省和陕西省。2015 年，四川省、云南省和陕西省地区生产总值分别为 30 053.1 亿元、13 619.17 亿元、18 021.86 亿元，其中农林牧渔业增加值分别为 3 745.3 亿元、2 098.2 亿元、2 193.6 亿元，所占比例分别为 12.46%、15.41%、9.28%。西藏自治区、青海省和宁夏回族自治区的农业现代化综合指数较低。2015 年，西藏自治区、青海省和宁夏回族自治区的地区生产总值分别为 1 026.39 亿元、2 417.05 亿元、2 911.77 亿元，其中农林牧渔业增加值分别为 99.2 亿元、212.2 亿元、252.4 亿元，所占比例分别为 9.66%、8.78%、8.80%，所占比例较低。

我国西部地区的特色产业优势明显，目前已经初步形成玉米、糖料、棉花、苹果、肉羊和牛奶等优势产区，但是农业现代化过程中受资源和生态环境的约束突出。西北的内陆地区水资源短缺，水土流失严重，土地荒漠化、草地退化、土壤盐碱化问题严重，生态环境脆弱。同时，西部地区也是我国贫困人口最为集中的地区，农民人均纯收入远远低于全国水平。因此，西部地区在农业现代化的过程中，应该以保持水土、维持生态、减少对资源的耗费为重心，因地制宜地推进农业现代化。

表 6-12　　2009～2015 年中国西部地区 10 个省份农业现代化综合指数

省份	2009 年	2010 年	2011 年	2012 年	2013 年	2014 年	2015 年
重庆	31.6	36.27	42.15	51.08	60.99	69.65	71.96
四川	98.12	105.23	112.36	120.92	126.86	136.53	148.32
贵州	36.97	43.41	46.88	49.02	54.29	61.39	68.88
云南	80.05	83.32	96.99	104.04	110.67	117.38	134.81
西藏	4.22	6.34	8.39	10.44	12.98	14.25	16.22
陕西	48.4	49.8	52.6	61.62	66.86	73.61	84.15
甘肃	26.61	29.05	32.86	33.93	36.13	42.64	50.37
青海	6.38	8.89	9.43	12.14	14.02	15.98	18.7
宁夏	13.89	16.15	18.43	21	23.96	28.25	31.02
新疆	49.1	54.22	57.54	59.66	63.68	69.64	76.03

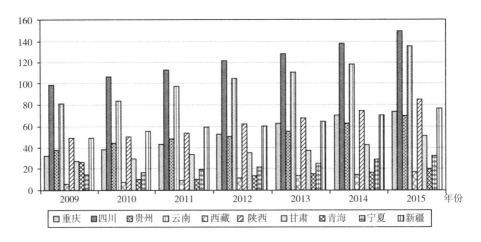

图 6 - 9 2009 ~ 2015 年中国西部地区 10 个省份农业现代化综合指数

6. 3. 3. 3 中国西部地区 10 个省份 F - A 匹配指数

通过表 6 - 13 和图 6 - 10 可以观察中国西部地区 2009 ~ 2015 年 10 个省份 F - A 匹配指数。2009 年, 宁夏回族自治区、重庆市、陕西省、新疆维吾尔自治区的 F - A 匹配指数超过了全国水平, 说明 2009 年宁夏回族自治区、重庆市、陕西省、新疆维吾尔自治区的金融发展与农业现代化是匹配的; 甘肃省、贵州省、四川省、云南省、西藏自治区、青海省的 F - A 匹配指数均低于全国水平, 说明 2009 年这些省份的金融发展与农业现代化是不匹配的。2010 ~ 2011 年, 青海省、宁夏回族自治区、西藏自治区、重庆市、陕西省、甘肃省的 F - A 匹配指数超过了全国水平, 说明 2010 ~ 2011 年这些省份的金融发展与农业现代化是匹配的; 新疆维吾尔自治区、四川省、贵州省、云南省的 F - A 匹配指数均低于全国水平, 说明 2010 年这些省份的金融发展与农业现代化是不匹配的。2012 ~ 2015 年, 青海省、宁夏回族自治区、西藏自治区、重庆市、陕西省、甘肃省和新疆维吾尔自治区的 F - A 匹配指数超过了全国水平, 说明 2012 ~ 2015 年这些省份的金融发展与农业现代化是匹配的; 四川省、贵州省和云南省的 F - A 匹配指数均低于全国水平, 说明 2012 ~ 2015 年这些省份的金融发展与农业现代化是不匹配的。

表 6 – 13   2009 ~ 2015 年中国西部地区 10 个省份 F – A 匹配指数

省份	2009 年	2010 年	2011 年	2012 年	2013 年	2014 年	2015 年
重庆	1.48	1.58	1.57	1.54	1.46	1.44	1.54
四川	0.66	0.70	0.76	0.84	0.87	0.90	0.94
贵州	0.54	0.55	0.70	0.76	0.84	0.85	0.86
云南	0.42	0.43	0.48	0.52	0.54	0.56	0.57
西藏	1.44	1.65	1.75	1.94	2.34	2.59	2.78
陕西	1.00	1.15	1.22	1.25	1.28	1.30	1.29
甘肃	0.96	1.04	1.17	1.24	1.27	1.28	1.31
青海	1.26	1.69	3.02	3.32	3.40	3.43	3.58
宁夏	2.05	2.13	2.19	2.38	2.43	2.48	2.54
新疆	0.76	0.80	0.84	0.98	1.02	1.05	1.09

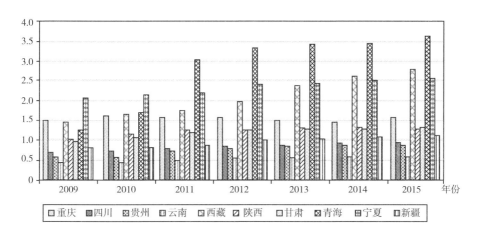

图 6 – 10   2009 ~ 2015 年中国西部地区 10 个省份 F – A 匹配指数

6.4   中国东、中、西部地区 F – A 匹配度的比较

6.4.1   中国东、中、西部地区金融发展综合指数

表 6 – 14 和图 6 – 11 为中国东部、中部和西部地区及全国的金融发展综合指数。可以看出，2009 ~ 2015 年，中国东部、中部、西部地区以及全国的

金融发展综合指数的发展都呈上升趋势，中国东部地区的金融发展水平较高，远远高于全国平均水平，东部地区聚集着北京、上海、深圳等金融发达的一线城市，因此，金融发展水平居于全国之首，远远地超过了中部地区和西部地区；中部地区和西部地区的金融发展水平均低于全国平均水平且远远低于东部地区水平，西部地区的金融发展水平尤其低下，整体来看，不足东部地区的1/2。综合来看，我国东部、中部和西部地区的金融发展水平不均衡，不同的省份之间金融发展水平的差异很大。

表6-14　　2009~2015年中国东部、中部和西部地区及全国金融发展综合指数

地区	2009年	2010年	2011年	2012年	2013年	2014年	2015年
东部	115.05	124.29	137.56	154.74	168.80	184.14	204.02
中部	48.33	56.22	64.66	74.18	82.36	90.38	100.90
西部	31.99	38.104	46.543	55.91	63.682	72.73	83.534
全国	65.12	72.87	82.92	94.94	104.95	115.75	129.49

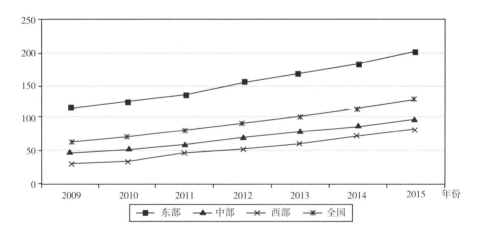

图6-11　2009~2015年中国东部、中部和西部地区及全国金融发展综合指数

6.4.2　中国东、中、西部地区农业现代化综合指数

表6-15和图6-12为中国东部、中部和西部地区及全国的农业现代化综合指数。可以看出，2009~2015年，中国东部、中部、西部地区以及全国

的农业现代化综合指数的发展都呈上升趋势，中国东部和中部地区的农业现代化整体水平较高，高于全国平均水平，其中东部地区的略高于中部地区；西部地区的金融发展水平均低于全国平均水平且远远低于东部和中部地区的水平。

表 6 – 15　　2009～2015 年中国东部、中部和西部地区及全国农业现代化综合指数

地区	2009 年	2010 年	2011 年	2012 年	2013 年	2014 年	2015 年
东部	92.95	103.27	114.46	123.66	133.12	143.91	159.83
中部	91.71	100.32	111.08	115.99	123.84	131.81	144.68
西部	36.40	42.75	46.89	52.55	58.91	63.25	70.11
全国	73.69	82.11	90.81	97.40	107.29	112.99	124.88

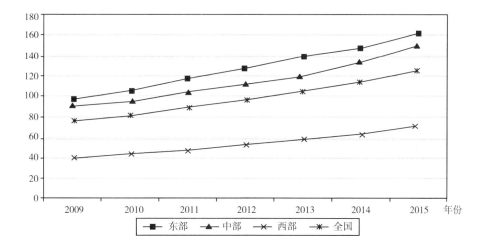

图 6 – 12　2009～2015 年中国东部、中部和西部地区及全国农业现代化综合指数

6.4.3　中国东、中、西部地区 A – F 弹性系数

表 6 – 16 和图 6 – 13 为中国东部、中部和西部地区的 A – F 弹性系数。2010～2015 年，东部地区 A – F 弹性系数值较高，分别为 1.23、0.94、0.78、0.83、0.76 和 0.91，农业现代化水平的变化对金融发展水平的变化反应较为敏感，说明东部地区的农业现代化整体水平已经接近于现代农业发展初始阶

段；中部地区和西部地区的 A－F 弹性系数值均小于 1，说明中部地区和西部地区的农业现代化处于传统农业的初始阶段，农业现代化的变化对于金融发展的变化不敏感。

表 6－16　　2010～2015 年中国东部、中部和西部地区及全国 A－F 弹性系数

地区	2010 年	2011 年	2012 年	2013 年	2014 年	2015 年
东部	1.23	0.94	0.78	0.83	0.76	0.91
中部	0.39	0.52	0.62	0.65	1.00	1.02
西部	0.52	0.50	0.50	0.66	0.74	0.77
全国	0.71	0.67	0.66	0.73	0.84	0.92

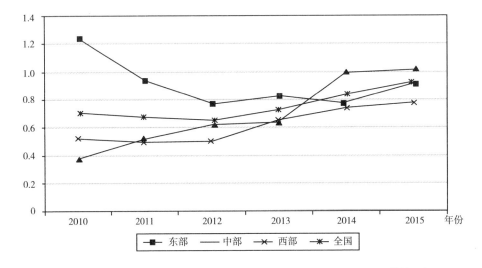

图 6－13　2010～2015 年中国东部、中部和西部地区及全国 A－F 弹性系数

6.4.4　中国东、中、西部地区 F－A 匹配指数

表 6－17 和图 6－14 为中国东部、中部和西部地区及全国的 F－A 匹配指数。可以看出，2009～2015 年，中国东部和西部地区的 F3－A 匹配指数均高于全国且东部地区高于西部地区，中部地区的则低于全国的匹配指数。说明 2009～2015 年中国东部和西部地区的金融发展水平与农业现代化的水平较为匹配。虽然东部和西部地区的 F－A 匹配指数都较高，但是观察图 6－12 可以

发现，东部地区的农业现代化水平远远高于西部地区，原因是东部地区和西部地区的 A－F 弹性系数不同。

表 6－17　　2009~2015 年中国东部、中部和西部地区及全国 F－A 匹配指数

地区	2009 年	2010 年	2011 年	2012 年	2013 年	2014 年	2015 年
东部	1.19	1.17	1.17	1.20	1.22	1.25	1.26
中部	0.53	0.58	0.62	0.65	0.68	0.68	0.68
西部	0.81	0.88	0.97	1.07	1.12	1.16	1.19
全国	0.84	0.88	0.92	0.98	1.01	1.03	1.04

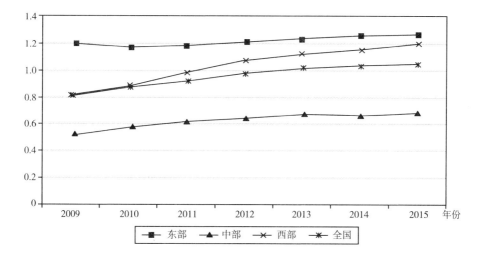

图 6－14　2009~2015 年东部、中部和西部地区及全国 F－A 匹配指数

　　表 6－17 中所示为 2010~2015 年中国东部、中部和西部地区 A－F 弹性系数。其中 2010~2015 年，东部地区的 A－F 弹性系数远远高于西部地区，接近于 1。东部地区的农业现代化水平接近于现代农业发展阶段，金融发展与农业现代化的匹配程度对现代农业的发展有着显著的作用，当 F－A 匹配指数较高时，便可以促进现代农业的发展，当 F－A 匹配指数较低时，便会制约现代农业的发展。处于现代农业发展阶段的东部地区，F－A 匹配指数较高，金融发展显著地促进了现代农业的发展，东部地区的农业现代化整体水平较高。而西部地区的 A－F 弹性系数远小于 1，说明西部地区的农业现代化的水平还处于传统农业发展阶段，此时，金融发展与农业现代化的匹配程度对农业的

发展没有显著的作用。所以，虽然西部地区的 F－A 匹配指数也很高，但是金融发展并没有显著地促进现代农业的发展。中部地区金融发展与现代农业是不匹配的，原因是中部地区的金融发展滞后于现代农业，没有能够有效地满足现代农业的发展需求，制约了现代农业发展。

6.5 本 章 小 结

本章利用中国 31 个省份的 2009～2015 年的面板数据，通过前文评价的金融发展和农业现代化综合得分，计算中国各省份金融发展和农业现代化的综合指数，利用综合指数计算 A－F 弹性系数；构建金融发展—农业现代化匹配度模型，计算中国东、中、西部地区及 31 个省份的金融发展和农业现代化的匹配度，分析不同地区处于农业现代化的不同时期，金融发展与农业现代化的匹配度对农业现代化的影响。

分析结果显示，2009～2015 年中国东部地区处于传统农业向现代农业转型期，金融发展与农业现代化的匹配程度对农业现代化的水平有着显著的影响，东部地区 F－A 匹配指数较高，金融发展的提高有效地促进了现代农业的发展；中部地区金融发展与现代农业是不匹配的，原因是中部地区的金融发展滞后于现代农业，没有能够有效地满足现代农业的发展需求，制约了现代农业发展；而虽然西部地区的 F－A 匹配指数也很高，但是金融发展并没有显著地促进现代农业的发展，主要原因是西部地区处于传统农业发展阶段，金融发展水平和农业现代化水平都很低，金融发展水平与农业的相关度很低。

第7章
金融发展与农业现代化的匹配路径分析

利用中国 31 个省份 2009～2015 年的调查数据，建立金融发展和农业现代化的测量方程，构建 FINA-AGRI 结构方程模型，实证分析金融发展与我国农业现代化匹配路径。FINA-AGRI 的假设检验支持了部分研究假设，结果表明：金融规模对农业现代化的影响显著，其相关研究假设均获得支持；金融结构对农业现代化的发展影响不显著，其相关各研究假设均被拒绝；关于金融深度的假设检验中只支持了金融深度对农业经济效益的假设，其他假设均被拒绝。

7.1　研究假设

在前文所构建的农业现代化评价指标体系和金融发展评价指标体系的基础上，构建本书的理论假设模型，如图 7－1 所示。

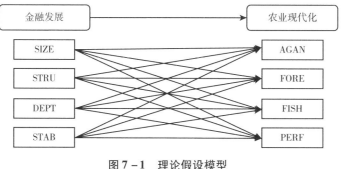

图 7－1　理论假设模型

7.1.1 研究的主假设

根据本书的理论假设模型，共提出了 16 条主要假设和 49 条分假设，其中 16 条主要假设如表 7 - 1 所示。

表 7 - 1   研究假设中 16 条主要假设

假设	路径关系	假设	路径关系
H1	SIZE 与 AGAN 之间具有正相关的关系	H9	DEPT 与 AGAN 之间具有正相关的关系
H2	SIZE 与 FORE 之间具有正相关的关系	H10	DEPT 与 FORE 之间具有正相关的关系
H3	SIZE 与 FISH 之间具有正相关的关系	H11	DEPT 与 FISH 之间具有正相关的关系
H4	SIZE 与 PERF 之间具有正相关的关系	H12	DEPT 与 PERF 之间具有正相关的关系
H5	STRU 与 AGAN 之间具有正相关的关系	H13	STAB 与 ANAG 之间具有正相关的关系
H6	STRU 与 FORE 之间具有正相关的关系	H14	STAB 与 FORE 之间具有正相关的关系
H7	STRU 与 FISH 之间具有正相关的关系	H15	STAB 与 FISH 之间具有正相关的关系
H8	STRU 与 PERF 之间具有正相关的关系	H16	STAB 与 PERF 之间具有正相关的关系

7.1.2 研究的分假设

对本书的理论假设模型中 49 条分假设如表 7 - 2 所示，针对以上提出的各假设，在下一节中会逐一加以验证。

表 7 - 2   研究假设中 49 条分假设

假设	路径关系	假设	路径关系
HF1a	SIZE1 与 SIZE 之间具有正相关的关系	HF1i	SIZE9 与 SIZE 之间具有正相关的关系
HF1b	SIZE2 与 SIZE 之间具有正相关的关系	HF2a	STRU1 与 STRU 之间具有正相关的关系
HF1c	SIZE3 与 SIZE 之间具有正相关的关系	HF2b	STRU2 与 STRU 之间具有正相关的关系
HF1d	SIZE4 与 SIZE 之间具有正相关的关系	HF2c	STRU3 与 STRU 之间具有正相关的关系
HF1e	SIZE5 与 SIZE 之间具有正相关的关系	HF2d	STRU4 与 STRU 之间具有正相关的关系
HF1f	SIZE6 与 SIZE 之间具有正相关的关系	HF2e	STRU5 与 STRU 之间具有正相关的关系
HF1g	SIZE7 与 SIZE 之间具有正相关的关系	HF2f	STRU6 与 STRU 之间具有正相关的关系
HF1h	SIZE8 与 SIZE 之间具有正相关的关系	HF3a	DEPT1 与 DEPT 之间具有正相关的关系

续表

假设	路径关系	假设	路径关系
HF3b	DEPT2 与 DEPT 之间具有正相关的关系	HA1h	AGAN8 与 AGAN 之间具有正相关的关系
HF3c	DEPT3 与 DEPT 之间具有正相关的关系	HA1i	AGAN9 与 AGAN 之间具有正相关的关系
HF3d	DEPT4 与 DEPT 之间具有正相关的关系	HA1j	AGAN10 与 AGAN 之间具有正相关的关系
HF3e	DEPT5 与 DEPT 之间具有正相关的关系	HA1k	AGAN11 与 AGAN 之间具有正相关的关系
HF3f	DEPT6 与 DEPT 之间具有正相关的关系	HA1l	AGAN12 与 AGAN 之间具有正相关的关系
HF3g	DEPT7 与 DEPT 之间具有正相关的关系	HA1m	AGAN13 与 AGAN 之间具有正相关的关系
HF3h	DEPT8 与 DEPT 之间具有正相关的关系	HA2a	FORE1 与 FORE 之间具有正相关的关系
HF3i	DEPT9 与 DEPT 之间具有正相关的关系	HA2b	FORE 2 与 FORE 之间具有正相关的关系
HF3j	DEPT10 与 DEPT 之间具有正相关的关系	HA3a	FISH1 与 FISH 之间具有正相关的关系
HF4a	STAB1 与 STAB 之间具有正相关的关系	HA3b	FISH2 与 FISH 之间具有正相关的关系
HA1a	AGAN1 与 AGAN 之间具有正相关的关系	HA3c	FISH3 与 FISH 之间具有正相关的关系
HA1b	AGAN2 与 AGAN 之间具有正相关的关系	HA4a	PERF1 与 PERF 之间具有正相关的关系
HA1c	AGAN3 与 AGAN 之间具有正相关的关系	HA4b	PERF2 与 PERF 之间具有正相关的关系
HA1d	AGAN4 与 AGAN 之间具有正相关的关系	HA4c	PERF3 与 PERF 之间具有正相关的关系
HA1e	AGAN5 与 AGAN 之间具有正相关的关系	HA4d	PERF4 与 PERF 之间具有负相关的关系
HA1f	AGAN6 与 AGAN 之间具有正相关的关系	HA4e	PERF5 与 PERF 之间具有正相关的关系
HA1g	AGAN7 与 AGAN 之间具有正相关的关系		

7.2　AGRI-FINA 结构方程模型

7.2.1　数据的选取和来源

基于数据的代表性和可得性，本书选取中国2009～2015年31个省份的面板数据，作为对中国农业和金融发展水平的调查数据，利用本书第4章所构建的金融发展评价指标体系和农业现代化评价指标体系，构建金融发展测量方程和农业现代化测量方程，建立 AGRI-FINA 结构方程模型，综合评价金融发展与农业现代化的匹配路径。

本书研究的数据主要来源于 Wind 资讯、国家统计局网站，各省份的农村统计年鉴、金融年鉴和统计年鉴。为了保持数据的完整性，对于个别缺失数据采用插值法进行补充。

7.2.2　方法的选取

本书拟采用结构方程模型分析金融发展与农业现代化的匹配路径。探索性因子分析（EFA）是统计学中常用的多变量分析技术。延里希和桑普森（Jennrich and Sampson，1966）通过推导利用直接旋转解决了显著的 EFA 因子加载矩阵旋转问题。延里希也是第一个为旋转解决方案开发标准误差的公司，延里希的成就却被验证性因子分析（CFA）的发展所掩盖（Joreskog，1969）。然而，由于 EFA 对于数据过于严格的限制和要求，使很多数据并不适合做 EFA。因此，人们开始寻求更好的模型以执行 EFA 的功能。结构方程模型（structural equation modeling，SEM）不仅可以替代 CFA 测量模型，还可以在模型中使用具有旋转的 EFA 测量模型。

结构方程模型（SEM）中的潜变量测量规范使用验证性因子分析（CFA）模型（Bollen，1989；Browne and Arminger，1995；Joreskog，1969；Muthén，1984）。基于理论和先验分析，CFA 测量模型指定多个因子负荷固定为零，以反映假设只有某些因素为影响指标。通常，指定简单的结构，其中每个指标受单个因素的影响；也就是说，没有交叉加载，有时被称为一个可变的复杂度。这种零加载限制的数量通常远大于识别因子分析测量模型所需限制的数量，如在具有 m 个因子的探索性因子分析（EFA）中，对因子加载，因子方差和因子的限制协方差。在 SEM 中使用 CFA 测量建模具有以下优点：鼓励研究者标准化它们的测量假设并开发具有简单测量结构的测量工具。将测量模型上的约束形式的先验知识结合起来使潜在变量的定义更好地基于主题理论，并且可以简化模型。

在 SEM 中，加载矩阵旋转给出了测量和结构系数的变换。延里希（2007）对以往的研究进行了总结并加以扩展，使 SEM 为所有旋转参数提供标准误差，还获得了模型拟合的总体测试。通过 EFA 测量建模，对良好旋转方法的依赖变得很重要。目标旋转是一种未知的旋转技术，概念上位于 EFA 和 CFA 之间，这也在一般 SEM 框架中实现（Browne and Michael，2001）。

结构方程模型为：

$$Y = \wedge_y \xi + \delta \qquad\qquad (7-1)$$

$$X = \wedge_x \eta + \varepsilon \qquad\qquad (7-2)$$

其中，p 个因变量 Y =（Y_1，…，Y_p），q 个自变量 X =（X_1，…，X_p），则 ξ 为外生潜变量，η 为内生变量，$\wedge_x$ 为外生指标与外生潜变量的关系，$\wedge_y$ 为内生指标与内生潜变量的关系，该模型的标准假设是 ε 和 ζ 的均值分别为 0，方差和协方差矩阵的残差呈正态分布的误差项。该模型还可以扩展到多组分析，有些模型参数可以在不同组中保持相同。模型也可以扩展到包括分类变量和检查变量，如使用有限信息进行加权最小二乘估计（Muthén，1984）。

目前结构方程模型广泛地应用于社会科学研究中。在社会科学以及经济、市场、管理等研究领域，有时需处理多个原因、多个结果的关系，或者会碰到不可直接观测的变量（即潜变量），这些都是传统的统计方法不能很好解决的问题。20 世纪 80 年代以来，结构方程模型迅速发展，弥补了传统统计方法的不足，成为多元数据分析的重要工具。结构方程分析可同时考虑并处理多个因变量。在回归分析或路径分析中，就算统计结果的图表中展示多个因变量，其实在计算回归系数或路径系数时，仍是对每个因变量逐一计算。所以图表看似对多个因变量同时考虑，但在计算对某一个因变量的影响或关系时，都忽略了其他因变量的存在及其影响。本章主要分析的是前文中所构建的金融发展评价指标体系中各指标对农业现代化评价指标体系中各指标的影响路径，并计算路径系数。因此，结构方程模型适合进行此路径分析。

7.2.3 信度检验

在进行数据分析之前，首先要对各变量进行信度检验，所谓信度（reliability）即为数据的可靠性和可信程度，只有当数据的可信度达到一定标准，对所构建模型进行分析才会得到可信的结果（徐万里，2008）。目前在做信度检验时，较为广泛应用的是参考克伦巴赫阿尔法（Cronbach's Alpha）系数即通常所说的 α 系数值。克伦巴赫（Cronbach，1951）提出了运用 α 系数作为测量数据的信度指标，其计算公式为：

$$\alpha = \frac{n}{n-1}\left(1 - \sum_{i=1}^{n} \sigma_i^2 / \sigma_y^2\right) \qquad (7-3)$$

其中，n 为变量观察值的个数，σ_i^2 为第 i 个变量的方差，σ_y^2 为变量的总得分方差。α 系数被提出来之后，学术界在做信度检验时，大多采用此指标，因此本书也采用 α 对所选的数据进行信度检验。通常认为，当 α 系数的值小于等于 0.3 时，认为是不可信的；α 系数的值大于 0.3 小于等于 0.4 时，可以初步认为勉强可信；α 系数的值大于 0.4 小于等于 0.5 时，则认为稍微可信；α 系数的值大于 0.5 小于等于 0.7 时，则认为数据为可信，同时这也是常见的信度范围；α 系数的值大于 0.7 小于等于 0.9 时，即说明所获得数据的可信度较高，为很可信；若 α 系数的值大于 0.9，则认为十分可信（尹卫兵，2009）。本书采用 IBM SPSS Statistics 22 软件对各变量进行信度检验，计算各变量的 α 系数。如表 7-3 和表 7-4 所示。

表 7-3　　　　　　农业现代化测量方程各变量的信度检验值

变量	α 系数	项目数
AGAN	0.973	13
FISH	0.834	2
FORE	0.905	3
PERF	0.576	5
TOTAL	0.919	23

表 7-4　　　　　　　　金融发展各变量的信度检验值

变量	α 系数	项目数
SIZE	0.962	9
STRU	0.957	6
DEPT	0.969	10
TOTAL	0.961	26

由表 7 - 3 中对本书所构建的农业现代化评价指标体系中各变量的信度检验结果显示，代表农牧业发展水平的潜变量 AGAN，共包含 13 个变量，其 α 系数的值为 0.973；代表林业发展水平的潜变量 FORE，共包含 2 个变量，其 α 系数的值为 0.905；代表渔业发展水平的潜变量 FISH，共包含 3 个变量，其 α 系数的值为 0.834；代表农林牧渔业的经济效益的潜变量 PERF，共包含 5 个变量，其 α 系数的值为 0.576；整个农业现代化评价指标体系的所有变量的整体共包含 23 个变量，其 α 系数的值为 0.919。由以上分析可以看出，在农业现代化评价指标体系的各变量中，AGAN、FISH、FORE 以及变量整体的 α 系数的值都是大于 0.8，说明可信程度较高。只有 PERF 的 α 系数的值为 0.576，是大于 0.5 小于 0.6 的，但是由于本书所取数据为 31 个省份的 7 年统计数据，虽然 PERF 的 α 系数的值为 0.576，小于其他变量的 α 系数的值，但仍处于可信范围内，认为该变量为可信的。

表 7 - 4 为对本书所构建的金融发展评价指标体系中各变量的信度检验值，结果可显示，代表金融规模的潜变量 SIZE 共包含 9 个变量，其 α 系数的值为 0.962；代表金融结构的潜变量 STRU 共包含 6 个变量，其 α 系数的值为 0.957；代表金融深度的潜变量 DEPT，共包含 10 个变量，其 α 系数的值为 0.969。金融发展评价指标体系整体共包含 26 个变量，整体 α 系数的值为 0.961。由以上分析可以看出，金融发展评价指标体系各变量的 α 系数的值均大于 0.9，为很可信，数据的可靠性较高，可以进行进一步分析。

7.2.4 效度检验

在构建指标体系的过程中，往往低效度的评价体系无法达到测量方程构建的目的，因此在构建测量方程前，通常要进行效度分析，效度分析的目的是衡量本书中所构建的评价指标体系是否能够综合反映中国农业现代化水平和金融发展水平（徐万里，2008）。本书主要从内容效度和建构效度两个角度对所构建的评价指标体系进行检验。

首先从内容效度来看，本书所构建的农业现代化评价指标体系和金融发展评价指标体系的各指标的选取时，主要依据的是国内外学者的相关文献研究的结果，并通过咨询相关领域的专家对各指标的选取及维度的确定进行修正。因此，本书所选取的指标具有可靠的内容效度。建构效度是指测量结果所体现出来的某种结构与测量值之间的对应程度（芳铭，2005）。通过对建构效度进行评价，可以解释所构建指标体系的有效性。在实证中，不同的学者采用了不同的方法对建构效度进行检验，本书采用了探索性因子分析（EFA）进行效度检验，见第4章。

在探索性因子分析的基础之上继续进行验证性因子分析。本书采用最大似然估计方法分别对农业现代化评价指标体系的22个变量和金融发展指标体系的25个变量进行验证性因子分析。统计软件选用 LISREL 8.70。对拟合优度进行衡量的指标主要有：DF（Degrees of Freedom）、GFI（Goodness of Fit Index）、NFI（Normed Fit Index）、CFI（Comparative Fit Index）、IIF（Incremental Fit Index）、RMR（Root Mean Square Residual）、RMSEA（Root Mean Square Error of Approximation），分别代表着自由度、拟合优度、规范拟合指数、比较拟合指数、增量拟合优度、残差均方根和近似误差均方根七个指标。表中分别列出了建议值，以对计算所得拟合值进行检验。

表7-5和表7-6分别为农业现代化评价指标体系 CFA 拟合指标和金融发展评价指标体系 CFA 拟合指标的结果。

表7-5　　　　农业现代化评价指标体系变量 CFA 拟合指标

拟合指标	χ^2/df	GFI	AGFI	NFI	IFI	CFI	RMR	RMSEA	P
建议值	<5	>0.9	>0.9	>0.9	>0.9	>0.9	<0.05	<0.08	>0.05
标准值	2.57	0.98	0.95	0.99	0.96	0.91	0.03	0.06	0.08

表7-6　　　　金融发展评价指标体系变量 CFA 拟合指标

拟合指标	χ^2/df	GFI	AGFI	NFI	IFI	CFI	RMR	RMSEA	P
建议值	<5	>0.9	>0.9	>0.9	>0.9	>0.9	<0.05	<0.08	>0.05
标准值	2.04	0.91	0.98	0.91	0.92	0.92	0.04	0.07	0.06

由表7-5中农业现代化评价指标体系变量 CFA 各拟合指标值可以看出，χ^2/df 为2.57，GFI 值为0.98，AGFI 值为0.95，NFI 值为0.99，IFI 值为0.96，CFI 值为0.91，RMR 值为0.03，RMSEA 值为0.06，P 值为0.08。与

表 7-5 中所示的各拟合指标的建议值相比,各拟合指标均通过了检验,拟合度良好。

由表 7-6 金融发展评价指标体系变量 CFA 各拟合指标值可以看出,χ^2/df 为 2.04(建议值为 <5),GFI 值为 0.91(建议值为 >0.9),AGFI 值为 0.98(建议值为 >0.9),NFI 值为 0.91(建议值为 >0.9),IFI 值为 0.92(建议值为 >0.9),CFI 值为 0.92(建议值为 >0.9),RMR 值为 0.04(建议值为 <0.05),RMSEA 值为 0.07(建议值为 <0.08),P 值为 0.06(建议值为 >0.05)。与表 7-6 中所示的各拟合指标的建议值相比,各拟合指标均通过了检验。说明金融发展评价指标体系的拟合度良好。

由图 7-2 可以看出,与对农业现代化评价指标体系的探索性因子分析结果是一致的,AGAN1 到 AGAN 上的因子载荷为 0.67,AGAN2 到 AGAN 上的因子载荷为 0.89,AGAN3 到 AGAN 上的因子载荷为 0.90,AGAN4 到 AGAN 上的因子载荷为 0.94,AGAN5 到 AGAN 上的因子载荷为 0.84,AGAN6 到 AGAN 上的因子载荷为 0.77,AGAN7 到 AGAN 上的因子载荷为 0.95,AGAN8 到 AGAN 上的因子载荷为 0.84,AGAN9 到 AGAN 上的因子载荷为 0.73,AGAN10 到 AGAN 上的因子载荷为 0.91,AGAN11 到 AGAN 上的因子载荷为 0.91,AGAN12 到 AGAN 上的因子载荷为 0.93,AGAN13 到 AGAN 上的因子载荷为 0.91;FORE1 到 FORE 上的因子载荷为 0.57,FORE2 到 FORE 上的因子载荷为 1.26;FISH1 到 FISH 上的因子载荷为 0.83,FISH2 到 FISH 上的因子载荷为 0.92,FISH3 到 FISH 上的因子载荷为 0.88;PERF1 到 PERF 上的因子载荷为 0.86,PERF2 到 PERF 上的因子载荷为 0.65,PERF3 到 PERF 上的因子载荷为 0.96,PERF5 到 PERF 上的因子载荷为 0.59。一般来说,因子载荷超过 0.5 便视为可以接受,因子载荷超过 0.6 较好。FORE 维度的 FORE1 到 FORE 上的因子载荷为 0.57,在所有变量中因子载荷最小,其次是 PERF5 到 PERF 上的因子载荷为 0.59,但是由于 FORE 的变量较少,只有两个,因此对于变量 FORE1 予以保留。PERF 维度变量相对多一些,则删除因子载荷较小的 PERF5,删除后,重新运行,得到新的农业现代化评价指标体系验证性因子分析的路径系数图(如图 7-3 所示)。

如图 7-3 所示,修正后的各变量的因子载荷发生了变化。AGAN1 到

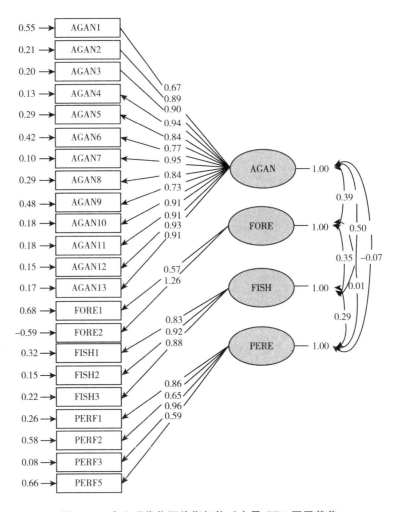

图7-2 农业现代化评价指标体系变量 CFA 因子载荷

AGAN 上的因子载荷为 0.67，AGAN2 到 AGAN 上的因子载荷为 0.89，AGAN3
到 AGAN 上的因子载荷为 0.90，AGAN4 到 AGAN 上的因子载荷为 0.94，
AGAN5 到 AGAN 上的因子载荷为 0.84，AGAN6 到 AGAN 上的因子载荷为
0.77，AGAN7 到 AGAN 上的因子载荷为 0.95，AGAN8 到 AGAN 上的因子载
荷为 0.84，AGAN9 到 AGAN 上的因子载荷为 0.73，AGAN10 到 AGAN 上的因
子载荷为 0.91，AGAN11 到 AGAN 上的因子载荷为 0.91，AGAN12 到 AGAN
上的因子载荷为 0.93，AGAN13 到 AGAN 上的因子载荷为 0.91；FORE1 到
FORE 上的因子载荷为 0.57，FORE2 到 FORE 上的因子载荷为 1.27；FISH1

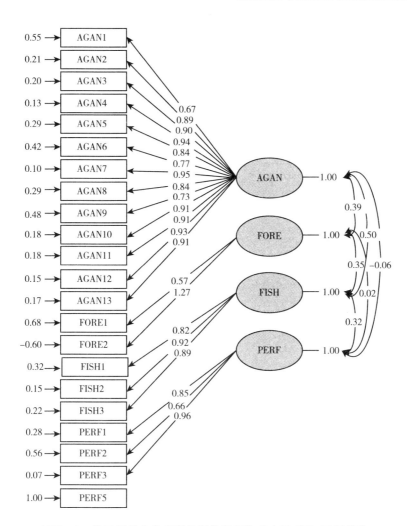

图 7 - 3　修正后的农业现代化评价指标体系变量 CFA 因子载荷

到 FISH 上的因子载荷为 0.82，FISH2 到 FISH 上的因子载荷为 0.92，FISH3
到 FISH 上的因子载荷为 0.89；PERF1 到 PERF 上的因子载荷为 0.85，PERF2
到 PERF 上的因子载荷为 0.66，PERF3 到 PERF 上的因子载荷为 0.96。模型
进行修正后，农业现代化评价指标体系的各变量的 CFA 因子载荷值均通过了
检验，表明农业现代化评价指标体系模型与实际的样本数据的差异并不明显。
因此，农业现代化的测量方程是合理的。

　　由图 7 - 4 可以看出，与对金融发展评价指标体系的探索性因子分析结果
是一致的，SIZE1 到 SIZE 上的因子载荷为 0.98，SIZE2 到 SIZE 上的因子载荷

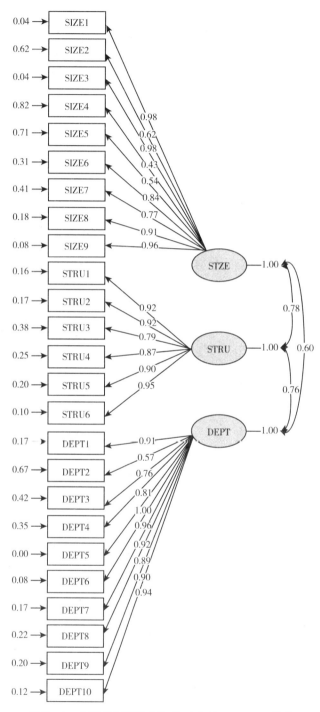

图 7−4　金融发展评价指标体系变量 CFA 因子载荷

为 0.62，SIZE3 到 SIZE 上的因子载荷为 0.98，SIZE4 到 SIZE 上的因子载荷为 0.43，SIZE5 到 SIZE 上的因子载荷为 0.54，SIZE6 到 SIZE 上的因子载荷为 0.84，SIZE7 到 SIZE 上的因子载荷为 0.77，SIZE8 到 SIZE 上的因子载荷为 0.91，SIZE9 到 SIZE 上的因子载荷为 0.96；STRU1 到 STRU 上的因子载荷为 0.92，STRU2 到 STRU 上的因子载荷为 0.92，STRU3 到 STRU 上的因子载荷为 0.79，STRU4 到 STRU 上的因子载荷为 0.87，STRU5 到 STRU 上的因子载荷为 0.90，STRU6 到 STRU 上的因子载荷为 0.95；DEPT1 到 DEPT 上的因子载荷为 0.91，DEPT2 到 DEPT 上的因子载荷为 0.57，DEPT3 到 DEPT 上的因子载荷为 0.76，DEPT4 到 DEPT 上的因子载荷为 0.81，DEP5 到 DEPT 上的因子载荷为 1.00，DEPT6 到 DEPT 上的因子载荷为 0.96，DEPT7 到 DEPT 上的因子载荷为 0.92，DEPT8 到 DEPT 上的因子载荷为 0.89，DEPT9 到 DEPT 上的因子载荷为 0.90，DEPT10 到 DEPT 上的因子载荷为 0.94。在所有变量中因子载荷最小的是 SIZE4 到 SIZE 上的因子载荷为 0.43，其次 SIZE5 到 SIZE 上的因子载荷为 0.54 和 DEPT2 到 DEPT 上的因子载荷为 0.57。依次删除变量 SIZE4、SIZE5 和 DEPT2 后，重新运行，得到调整后的金融发展评价指标体系验证性因子分析的路径系数图，如图 7-5 所示。修正后的各项指标均达到了要求，表明金融发展评价指标体系模型与实际的样本数据的差异并不明显，说明金融发展的测量方程是合理的。

7.2.5　FINA-AGRI 的初始模型

本部分将构建包含农业现代化测量方程和金融发展测量方程的结构方程模型 FINA-AGRI。该结构方程模型包含三个外生潜变量，分别为金融规模（SIZE）、金融结构（STRU）、金融深度（DEPT）；包含四个内生潜变量，分别为农牧业发展水平（AGAN）、林业发展水平（FORE）、渔业发展水平（FISH）、经济效益（PERF）。本书利用 LISRE8.70 对所构建的结构方程模型进行路径分析和检验。输出结果如表 7-7、图 7-6 和图 7-7 所示。

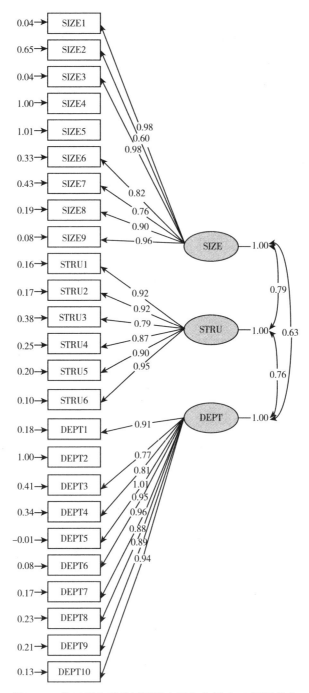

图 7 - 5 修正后金融发展测量方程各变量 CFA 因子载荷

表7-7　　　　　　　　　FINA-AGRI 初始模型各拟合指标

拟合指标	χ^2/df	GFI	AGFI	NFI	IFI	CFI	RMR	RMSEA	P
建议值	< 5	> 0.9	> 0.9	> 0.9	> 0.9	> 0.9	< 0.05	< 0.08	> 0.05
标准值	4.21	0.90	0.91	0.92	0.99	0.99	0.03	0.06	0.08

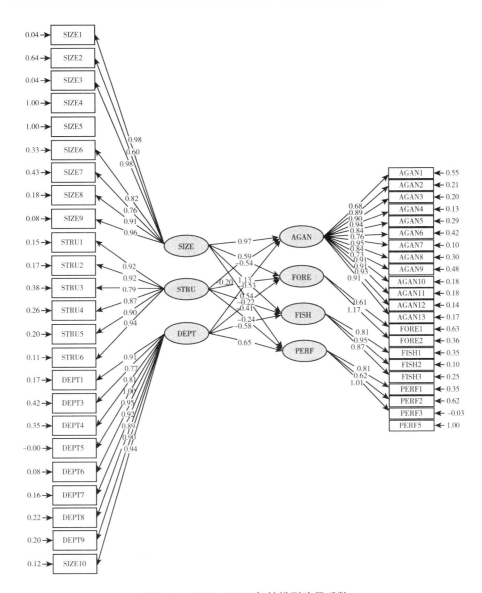

图7-6　FINA-AGRI 初始模型路径系数

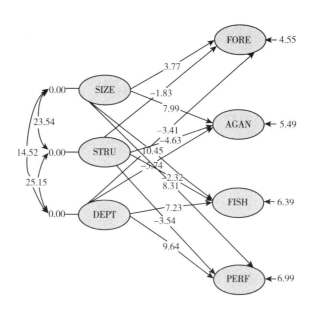

图 7 - 7　FINA-AGRI 初始模型 T-values 值

如表 7 - 7 所示，χ^2/df 为 4.21，GFI 值为 0.90，AGFI 值为 0.91，NFI 值为 0.92，IFI 值为 0.99，CFI 值为 0.99，RMR 值为 0.03，RMSEA 值为 0.06，P 值为 0.08，与图中所示各拟合指标的标准值相比较，均通过了检验，说明本模型的拟合度良好。

图 7 - 6 和图 7 - 7 分别是 FINA-AGRI 初始结构方程模型路径系数估计图和 T-values 图。在 SEM 中用直观的图形表达各变量之间的关系，这种图形称为路径系数图。如图 7 - 6 所示，图中椭圆形表示潜变量，其中 SIZE、STRU、DEPT 为外生潜变量；AGAN、FORE、FISH、PERF 为内生潜变量；SIZE1、SIZE2、SIZE3、SIZE4、SIZE5、SIZE6、SIZE7、SIZE8、SIZE9、ST-RU1、STRU2、STRU3、STRU4、STRU5、STRU6、DEPT1、DEPT2、DEPT3、DEPT4、DEPT5、DEPT6、DEPT7、DEPT8、DEPT9、DEPT10 为外生观测指标；AGAN1、AGAN2、AGAN3、AGAN4、AGAN5、AGAN6、AGAN7、AGAN8、AGAN9、AGAN10、AGAN11、AGAN12、AGAN13、FORE1、FORE2、FISH1、FISH2、FISH3、PERF1、PERF2、PERF3、PERF5 为内生观测指标；单向箭头表示潜变量之间、潜变量与观测指标之间的单向影响或效应，单向箭头且无起始图形表示测量误差或未被解释

部分。

T-values 检验要求 T 检验值的绝对值大于 1.96，才能够达到 0.05 的显著水平，通过统计的显著性检验。SIZE 到 AGAN 的路径系数为 0.97，T 值为7.99；SIZE 到 FORE 的路径系数为 0.59，T 值为 3.77；SIZE 到 FISH 的路径系数为 1.13，T 值为 10.45；SIZE 到 PERF 的路径系数为 0.54，T 值为 8.31；STRU 到 AGAN 的路径系数为 − 0.54，T 值为 − 4.63；STRU 到 FORE 的路径系数为 − 0.20，T 值为 − 1.83；STRU 到 FISH 的路径系数为 − 0.22，T 值为− 2.32；STRU 到 PERF 的路径系数为 − 0.24，T 值为 − 3.54；DEPT 到 AGAN的路径系数为 − 0.53，T 值为 − 5.74；DEPT 到 FORE 的路径系数为 − 0.41，T值为 − 3.41；DEPT 到 FISH 的路径系数为 − 0.58，T 值为 − 7.23；DEPT 到PERF 的路径系数为 0.65，T 值为 9.64。可以看出，在 FINA-AGRI 模型中 12个检验中，STRU 到 FORE 的路径系数为 − 0.20，T 值为 − 1.83，该路径系数没有通过 T 检验。其他的 11 个假设均通过了统计显著性 T 检验，其中 SIZE对 FISH 的影响系数最大为 1.13。

7.2.6 FINA-AGRI 模型的修正结果

通常情况下，在构建结构方程的初始模型后都要对模型进行修正，模型修正的目的是使初始模型的适合程度得到改善，在初始模型的某些路径系数或者检验值不理想的情况下，通过删除某些路径或者添加某些路径，使模型更符合标准（Cronbach，1951）。一般来说，模型的修正分为以下三类：第一类是通过增加或者减少内生变量（外生变量）对模型修正，这相当于增加或者减少方程；第二类是保持内生变量和外生变量的数量不变，变动内生变量和外生变量之间的路径关系；第三类是内生变量、外生变量和它们之间的路径关系都不变，只变动层次的相关模式（侯杰泰等，2005）。本书采用第二种修正方法，即在保持内生变量和外生变量不变的情况下，通过路径系数、T-Values 值和参数检验来对原始模型进行修正。

根据 FINA-AGRI 初始模型的路径系数（见图 7 − 7），FINA-AGRI 模型中

12 个检验中，SIZE 到 FORE 的 T 值为 3.77，SIZE 到 AGAN 的 T 值为 7.99，SIZE 到 FISH 的 T 值为 10.45，SIZE 到 PERF 的 T 值为 8.31，STRU 到 AGAN 的 T 值为 - 4.63，STRU 到 FISH 的 T 值为 - 2.32，STRU 到 PERF 的 T 值为 - 3.54，DEPT 到 FORE 的 T 值为 - 3.41，DEPT 到 AGAN 的 T 值为 - 5.74，STRU 到 FISH 的 T 值为 - 7.23，DEPT 到 PERF 的 T 值为 9.64，路径系数均通过 T 检验；其中 STRU 到 FORE 的路径系数为 - 0.20，T 值为 - 1.83，该路径系数没有通过 T 检验。因此，删除 STRU 到 FORE 的路径后，得到修正后的模型的 T-Values 值如图 7 - 8 所示，各个拟合指标如表 7 - 8 所示，修正后的 FINA-AGRI 最终模型如图 7 - 9 所示。

表 7 - 8　　　　　　　　　　　　FINA-AGRI 修正模型各拟合指标

拟合指标	χ^2/df	GFI	AGFI	NFI	IFI	CFI	RMR	RMSEA	P
建议值	< 5	> 0.9	> 0.9	> 0.9	> 0.9	> 0.9	< 0.05	< 0.08	> 0.05
标准值	3.21	0.95	0.97	0.97	0.99	0.99	0.03	0.06	0.08

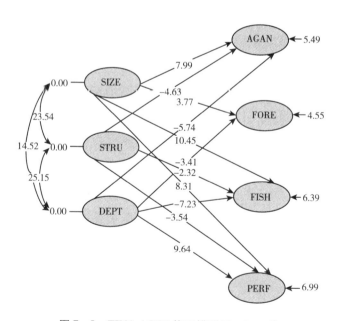

图 7 - 8　FINA-AGRI 修正模型 T-values 值

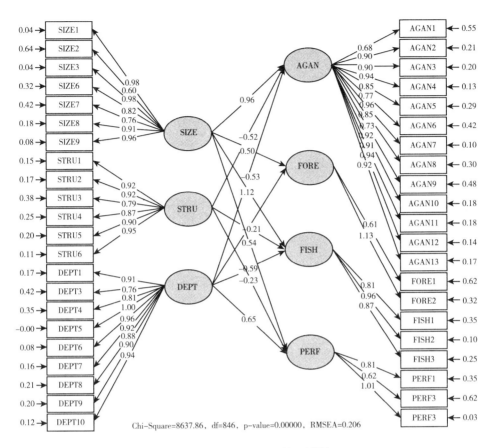

图 7 - 9 FINA-AGRI 修正模型

7.3 FINA-AGRI 模型假设检验

本书依据 FINA-AGRI 最终修正模型的路径系数和 T-Values 值对前文所提出的 16 条主要研究假设和 49 条分假设进行检验分析。

7.3.1 研究的主假设检验

依据 FINA-AGRI 最终修正模型的路径系数和 T-Values 值对第一节中所提出来的 16 条主要研究假设进行检验,检验结果如表 7 - 9 所示。

表 7 - 9　　　　　　　　　　　16 条主要假设的检验

假设	路径系数	相关关系	结论
H1	SIZE 在 AGAN 上的路径系数为 0.96	SIZE 与 AGAN 之间具有显著的正相关关系	支持原假设
H2	SIZE 在 FORE 上的路径系数为 0.56	SIZE 与 FORE 之间具有显著的正相关关系	支持原假设
H3	SIZE 在 FISH 上的路径系数为 1.12	SIZE 与 FISH 之间具有显著的正相关关系	支持原假设
H4	SIZE 在 PERF 上的路径系数为 0.54	SIZE 与 PERF 之间具有显著的正相关关系	支持原假设
H5	STRU 在 AGAN 上的路径系数为 - 0.52	STRU 与 AGAN 之间具有负相关的关系	拒绝原假设
H6	STRU 与 FORE 的关系不显著	STRU 与 FORE 的关系不显著	拒绝原假设
H7	STRU 在 FISH 上的路径系数为 - 0.21	STRU 与 FISH 之间具有负相关关系	拒绝原假设
H8	STRU 在 PERF 上的路径系数为 - 0.23	STRU 与 PERF 之间具有负相关关系	拒绝原假设
H9	DEPT 在 AGAN 上的路径系数为 - 0.53	DEPT 与 AGAN 之间具有显著的负相关关系	拒绝原假设
H10	DEPT 在 FORE 上的路径系数为 - 0.51	DEPT 与 FORE 之间具有显著的负相关关系	拒绝原假设
H11	DEPT 在 FISH 上的路径系数为 - 0.59	DEPT 与 FISH 之间具有负相关关系	拒绝原假设
H12	DEPT 在 PERF 上的路径系数为 0.65	DEPT 与 PERF 之间具有显著的正相关关系	支持原假设
H13	未通过探索性因子分析和验证性因子分析	STAB 与 AGAN 之间无相关关系	拒绝原假设
H14	未通过探索性因子分析和验证性因子分析	STAB 与 FORE 之间无相关关系	拒绝原假设
H15	未通过探索性因子分析和验证性因子分析	STAB 与 FISH 之间无相关关系	拒绝原假设
H16	未通过探索性因子分析和验证性因子分析	STAB 与 PERF 之间无相关关系	拒绝原假设

对 16 条研究的主要假设进行检验的结论为：金融规模对农牧业发展水平、林业发展水平、渔业发展水平和产出效益水平均有显著性影响，主要原因是在金融规模的维度中所选取的指标主要包含了金融机构数据和涉农金融

数据，说明金融机构的规模和金融支农的力度对农业现代化的影响显著，加速农业现代化的进程应扩大金融机构的规模和不断增加金融支农的力度；金融结构对农牧业发展水平、林业发展水平、渔业发展水平和产出效益水平的影响均为不显著，主要原因是当前我国农业的发展过程中与资本市场的证券、期货、保险等融合度很低，融资渠道狭窄，没有充分利用资本市场、农产品期货、农业保险等推动农业现代化；金融深度对农牧业发展水平、林业发展水平和渔业发展水平的影响均不显著性，对产出效益水平有显著的影响，说明金融深度对农业劳动生产率、耕地综合产出率、农村居民家庭人均纯收入、农业保险深度的影响显著。金融基础这一指标未通过探索性因子分析和验证性因子分析，说明金融基础与农牧业发展水平、林业发展水平、渔业发展水平和产出效益水平的相关度较低，未通过检验。

7.3.2 研究的分假设检验

7.3.2.1 金融发展测量方程中各潜变量的假设检验

研究中的 49 条分假设检验结果中，金融发展测量方程中的潜变量 SIZE 的假设检验结果如表 7-10 所示；潜变量 STRU 的假设检验结果如表 7-11 所示；潜变量 DEPT 的假设检验结果如表 7-12 所示。其中，假设 HF4a 的假设检验，由于潜变量 STAB 没有通过探索性因子分析和验证性因子分析，因此拒绝了本书的 HF4a 的原假设。

表 7-10　　　　　　　　　　潜变量 SIZE 的假设检验

假设	路径系数	相关关系	结论
HF1a	SIZE1 在 SIZE 上的路径系数为 0.98	SIZE1 与 SIZE 之间具有显著的正相关关系	支持原假设
HF1b	SIZE2 在 SIZE 上的路径系数为 0.60	SIZE2 与 SIZE 之间具有显著的正相关关系	支持原假设
HF1c	SIZE3 在 SIZE 上的路径系数为 0.98	SIZE3 与 SIZE 之间具有显著的正相关关系	支持原假设

续表

假设	路径系数	相关关系	结论
HF1d	未通过探索性因子分析和验证性因子分析	SIZE4 与 SIZE 之间无相关关系	拒绝原假设
HF1e	未通过探索性因子分析和验证性因子分析	SIZE5 与 SIZE 之间无相关关系	拒绝原假设
HF1f	SIZE6 在 SIZE 上的路径系数为 0.82	SIZE6 与 SIZE 之间具有显著的正相关关系	支持原假设
HF1g	SIZE7 在 SIZE 上的路径系数为 0.76	SIZE7 与 SIZE 之间具有显著的正相关关系	支持原假设
HF1h	SIZE8 在 SIZE 上的路径系数为 0.91	SIZE8 与 SIZE 之间具有显著的正相关关系	支持原假设
HF1i	SIZE9 在 SIZE 上的路径系数为 0.96	SIZE9 与 SIZE 之间具有显著的正相关关系	支持原假设

表 7 - 11　　　　　　　　　潜变量 STRU 的假设检验

假设	路径系数	相关关系	结论
HF2a	STRU1 在 STRU 上的路径系数为 0.92	STRU1 与 STRU 之间具有显著的正相关关系	支持原假设
HF2b	STRU2 在 STRU 上的路径系数为 0.92	STRU2 与 STRU 之间具有显著的正相关关系	支持原假设
HF2c	STRU3 在 STRU 上的路径系数为 0.79	STRU3 与 STRU 之间具有显著的正相关关系	支持原假设
HF2d	STRU4 在 STRU 上的路径系数为 0.87	STRU4 与 STRU 之间具有显著的正相关关系	支持原假设
HF2e	STRU5 在 STRU 上的路径系数为 0.90	STRU5 与 STRU 之间具有显著的正相关关系	支持原假设
HF2f	STRU6 在 STRU 上的路径系数为 0.95	STRU6 与 STRU 之间具有显著的正相关关系	支持原假设

表 7 - 12　　　　　　　　　潜变量 DEPT 的假设检验

假设	路径系数	相关关系	结论
HF3a	DEPT1 在 DEPT 上的路径系数为 0.91	DEPT1 与 DEPT 之间具有显著的正相关关系	支持原假设

假设	路径系数	相关关系	结论
HF3b	未通过探索性因子分析和验证性因子分析	DEPT2 与 DEPT 之间无相关关系	拒绝原假设
HF3c	DEPT3 在 DEPT 上的路径系数为 0.76	DEPT3 与 DEPT 之间具有显著的正相关关系	支持原假设
HF3d	DEPT4 在 DEPT 上的路径系数为 0.81	DEPT4 与 DEPT 之间具有显著的正相关关系	支持原假设
HF3e	DEPT5 在 DEPT 上的路径系数为 1.00	DEPT5 与 DEPT 之间具有显著的正相关关系	支持原假设
HF3f	DEPT6 在 DEPT 上的路径系数为 0.96	DEPT6 与 DEPT 之间具有显著的正相关关系	支持原假设
HF3g	DEPT7 在 DEPT 上的路径系数为 0.92	DEPT7 与 DEPT 之间具有显著的正相关关系	支持原假设
HF3h	DEPT8 在 DEPT 上的路径系数为 0.89	DEPT8 与 DEPT 之间具有显著的正相关关系	支持原假设
HF3i	DEPT9 在 DEPT 上的路径系数为 0.90	DEPT9 与 DEPT 之间具有显著的正相关关系	支持原假设
HF3j	DEPT10 在 DEPT 上的路径系数为 0.94	DEPT10 与 DEPT 之间具有显著的正相关关系	支持原假设

通过表 7 - 10 对金融发展测量方程中的潜变量 SIZE 的 9 条分假设进行检验的结果表明，在潜变量 SIZE 中，SIZE1、SIZE2、SIZE3、SIZE6、SIZE7、SIZE8、SIZE9 所代表的金融业增加值、金融机构营业网点数、金融机构资产总额、农村合作机构营业网点资产总额、农户储蓄存款余额、金融业就业人员数、年末国内上市公司数均与金融规模有显著的正相关关系；SIZE4、SIZE5 所代表的农村合作机构营业网点数、农村合作机构营业网点从业人员数与金融规模之间相关关系未通过探索性因子分析和验证性因子分析，原假设被拒绝。

通过表 7 - 11 对金融发展测量方程中的潜变量 STRU 的 6 条分假设进行检验的结果表明，STRU1、STRU2、STRU3、STRU4、STRU5、STRU6 所代表的总部设在辖内的证券公司数、总部设在辖内的基金公司数、总部设在辖内的期货公司数、总部设在辖内的保险公司数、股票总交易金额、证券总交易额、保险密度与金融结构有显著的正相关关系，可以代表性地反映金融结构。

通过表7-12对金融发展测量方程中的潜变量 DEPT 的10条分假设进行检验的结果表明，保险深度、国内债券筹资、人均存款、人均贷款、金融机构总资产/GDP、金融业增加值/GDP、金融相关率、金融业从业人员占三次产业从业人员比例与金融深度有显著的正相关关系，说明以上各变量可以代表性地反映金融深度这一潜变量；国内短期融资券筹资额与金融规模之间的关系未通过探索性因子分析和验证性因子分析，说明二者无相关关系。

7.3.2.2 农业现代化测量方程中各潜变量的假设检验

农业现代化测量方程中的潜变量 AGAN 的假设检验结果如表7-13所示；潜变量 FORE 假设检验结果如表7-14所示；潜变量 FISH 的假设检验结果如表7-15所示；潜变量 PERF 的假设检验结果如表7-16所示。

表7-13　　　　　　　　　潜变量 AGAN 的假设检验

假设	路径系数	相关关系	结论
HA1a	AGAN1 在 AGAN 上的路径系数为 0.68	AGAN1 与 AGAN 之间具有显著的正相关关系	支持原假设
HA1b	AGAN2 在 AGAN 上的路径系数为 0.90	AGAN2 与 AGAN 之间具有显著的正相关关系	支持原假设
HA1c	AGAN3 在 AGAN 上的路径系数为 0.90	AGAN3 与 AGAN 之间具有显著的正相关关系	支持原假设
HA1d	AGAN4 在 AGAN 上的路径系数为 0.94	AGAN4 与 AGAN 之间具有显著的正相关关系	支持原假设
HA1e	AGAN5 在 AGAN 上的路径系数为 0.85	AGAN5 与 AGAN 之间具有显著的正相关关系	支持原假设
HA1f	AGAN6 在 AGAN 上的路径系数为 0.77	AGAN6 与 AGAN 之间具有显著的正相关关系	支持原假设
HA1g	AGAN7 在 AGAN 上的路径系数为 0.96	AGAN7 与 AGAN 之间具有显著的正相关关系	支持原假设
HA1h	AGAN8 在 AGAN 上的路径系数为 0.85	AGAN8 与 AGAN 之间具有显著的正相关关系	支持原假设

续表

假设	路径系数	相关关系	结论
HA1i	AGAN9 在 AGAN 上的路径系数为 0.73	AGAN9 与 AGAN 之间具有显著的正相关关系	支持原假设
HA1j	AGAN10 在 AGAN 上的路径系数为 0.92	AGAN10 与 AGAN 之间具有显著的正相关关系	支持原假设
HA1k	AGAN11 在 AGAN 上的路径系数为 0.91	AGAN11 与 AGAN 之间具有显著的正相关关系	支持原假设
HA1l	AGAN12 在 AGAN 上的路径系数为 0.94	AGAN12 与 AGAN 之间具有显著的正相关关系	支持原假设
HA1m	AGAN13 在 AGAN 上的路径系数为 0.92	AGAN13 与 AGAN 之间具有显著的正相关关系	支持原假设

表 7 – 14　　　　　　　　　　潜变量 FORE 的假设检验

假设	路径系数	相关关系	结论
HA2a	FORE 在 FORE 上的路径系数为 0.61	FORE1 与 FORE 之间具有显著的正相关关系	支持原假设
HA2b	FORE 在 FORE 上的路径系数为 1.13	FORE2 与 FORE 之间具有显著的正相关关系	支持原假设

表 7 – 15　　　　　　　　　　潜变量 FISH 的假设检验

假设	路径系数	相关关系	结论
HA3a	FISH1 在 FISH 上的路径系数为 0.81	FISH1 与 FISH 之间具有显著的正相关关系	支持原假设
HA3b	FISH2 在 FISH 上的路径系数为 0.96	FISH2 与 FISH 之间具有显著的正相关关系	支持原假设
HA3c	FISH3 在 FISH 上的路径系数为 0.87	FISH3 与 FISH 之间具有显著的正相关关系	支持原假设

表 7 – 16　　　　　　　　　　潜变量 PERF 的假设检验

假设	路径系数	相关关系	结论
HA4a	PERF1 在 PERF 上的路径系数为 0.81	PERF1 与 PERF 之间具有显著的正相关关系	支持原假设

假设	路径系数	相关关系	结论
HA4b	PERF2 在 PERF 上的路径系数为 0.62	PERF3 与 PERF 之间具有显著的正相关关系	支持原假设
HA4c	PERF3 在 PERF 上的路径系数为 1.01	PERF3 与 PERF 之间具有显著的正相关关系	支持原假设
HA4d	未通过探索性因子分析和验证性因子分析	PERF4 与 PERF 之间无相关关系	拒绝原假设
HA4e	未通过探索性因子分析和验证性因子分析	PERF5 与 PERF 之间无相关关系	拒绝原假设

通过表 7-13 对农业现代化测量方程中的潜变量 AGAN 的 13 条分假设进行检验的结果表明，农林水事务地方公共财政支出、农业机械总动力、有效灌溉面积、农作物总播种面积、粮食作物播种面积、油料播种面积、化肥施用量、农药使用量、农用塑料薄膜使用量、粮食产量、肉类产量、农业增加值、牧业增加值与农牧业发展水平有显著的正相关关系，可以代表性地反映农牧业发展水平。

通过表 7-14 对农业现代化测量方程中的潜变量 FORE 的 2 条分假设进行检验的结果表明，FORE1、FORE2 所代表的森林覆盖率、林业增加值与 FORE 所代表的林业发展水平有显著的正相关关系。因此，FORE1、FORE2 可以代表性地反映林业发展水平。

通过表 7-15 对农业现代化测量方程中的潜变量 FISH 的 3 条分假设进行检验的结果表明，FISH1、FISH2、FISH3 所代表的水产品养殖面积、水产品总产量、渔业增加值与 FISH 所代表的渔业发展水平有显著的正相关关系。因此，FISH1、FISH2、FISH3 可以代表性地反映渔业发展水平。

通过表 7-16 对农业现代化测量方程中的潜变量 PERF 的 5 条分假设进行检验的结果表明，PERF1、PERF2、PERF3 所代表的农业劳动生产率、耕地综合产出率、农村居民家庭人均纯收入与 PERF 产出效益水平有显著的正相关关系，可以代表性地反映渔业发展水平；PERF4、PERF5 所代表的农业成灾率、农业保险深度未通过探索性因子分析和验证性因子分析，与产出效益水平没有显著的相关关系。

7.4 本章小结

本章在提出了 16 条主要研究假设和 49 条分假设后，通过分析 2009 ~ 2015 年中国 31 个省份的金融发展和农业现代化的经验数据，构建金融发展测量方程和农业现代化测量方程，在进行了信度检验、效度检验后构建初始 FINA-AGRI 结构方程模型，为了改善初始模型的拟合程度对初始 FINA-AGRI 结构方程模型进行了修正，最后对所提出的研究假设进行检验。

根据假设检验的结果，结论认为本书所构建的金融发展测量方程和农业现代化测量方程都是合理的，各潜变量的主要指标与潜变量具有显著相关性，可以代表各潜变量的水平。在金融发展对农业现代化的匹配路径中，所构建的结构方程模型假设检验支持了部分的研究假设，其中，金融规模对农业现代化的影响显著，其相关研究假设均获得支持；金融结构对农业现代化的影响不显著，其相关各研究假设均被拒绝；关于金融深度的假设检验中只支持了金融深度对农业经济效益的假设，其他假设均被拒绝。我国当前农业现代化的发展中，金融机构和涉农金融的支农力度对农业现代化有显著影响，说明农业现代化的主要资金来源受金融机构的影响较大，而从资本市场等融资较少，没有很好地利用多层次资本市场为农业现代化服务，这也是今后农业发展过程中的一个融资方向。

第8章
突破农业现代化金融
"瓶颈"的对策建议

通过金融发展与农业现代化的动态关系分析、匹配度分析和匹配路径分析的结果，结合对河北省多县的实地调研，认为只有不断提高金融发展与农业现代化的匹配度，才能突破中国在农业现代化进程中的金融"瓶颈"。提高中国金融发展与农业现代化的匹配度，需要政府、金融和农业自身共同努力。首先，要根据金融发展与农业现代化的匹配度模型中，所分析的不同地区所处的农业现代化阶段的不同，有针对性地采取不同的措施；其次，根据金融与农业现代化匹配路径选择的实证分析，针对金融发展与农业现代化匹配路径不显著的薄弱环节，努力提高金融发展水平、完善农村金融服务体系。与此同时，还应该从农业现代化进程中农业自身的角度出发，创造能够让金融发展满足农业现代化需求的条件。创新农业组织形式是吸引金融资本进入农业，提高金融发展与农业现代化的匹配程度，实现现代农业与金融资本对接的有效途径。

8.1 政府搭建平台引导金融资本进入农业

农业作为基础产业，满足人类生存基本的需要。在农业发展过程中，往往伴随着政府干预，因此，农业具有一定的公共物品性质。在农业发展的初级阶段，向农业投资往往是无利可图的，这也是金融资本不愿意涉农的主要原因之一。这就需要政府搭建平台，引导金融资本进入农业。根据本书实证分析的结果，我国东部、中部和西部地区及 31 个省份之间发展不均衡，差异较大，这就要求政府依据不同地区、不同省市之间的差异和所处的不同阶段，制定不同的区域金融政策和农业政策。同时还应该关注县、乡、村这一金融发展的薄弱区域，建立县、乡、村三级金融服务网络，以解决金融与农业对接时的信息不对称、人力成本高的问题。

8.1.1　制定不同的区域金融政策和农业政策

针对中国不同地区所处的农业发展阶段的不同，金融发展与农业现代化的匹配度的不同，应采取不同的措施促进农业现代化的发展。东部地区金融发展与农业现代化的匹配度较高，应该以创新、协调、绿色、开放、共享的发展理念，适应经济发展新常态，构建农业与第二、第三产业交叉融合的现代产业体系，推进农业与旅游、教育、文化、健康养老等产业深度融合。中国中部地区集中了吉林省、黑龙江省、河南省等农业大省，亟须寻找金融进入农业的路径，促进传统农业向现代农业转型升级，在不断创新农业组织形式、吸引金融进入农业的同时，应从政府、金融机构等多角度入手，提高金融发展水平、完善农村金融体系，实现金融资本与农业现代化的对接。中国西部地区金融基础和农业基础都较为薄弱，因地制宜，强调农业结构调整与粮食安全协调是农业现代化推进的基础条件，推进了农业资源合理配置和高效流动，提高了农业资源开发的广度、深度及农业产业发展的协同效应。

8.1.2　建立县、乡、村三级金融服务网络

以政府为主导，建立县、乡、村三级金融服务网络，覆盖县域内全部乡镇、全部行政村，可以解决农业现代化进程中，金融与农业对接时的信息不对称、人力成本高的问题。县、乡、村是农业发展的重要依托，同时又是金

融发展水平最薄弱的环节，尤其是乡镇和村。县、乡、村三级金融发展的薄弱和农业现代化过程中对金融的旺盛需求是不匹配的。利用县、乡、村三级服务网络，解决专人负责农村金融相关事务的问题，确保农村金融有人管。这样做可以将责任明确到人，重点解决金融进农村的征信和沟通问题。农民的金融知识匮乏，在进行农业生产时的金融需求很难通过有效的手段与银行等金融机构沟通，获得农业生产所需要的资金。同样，由于农村信用体制的不健全，银行在对农民放贷前，需要耗费大量的人力成本和时间成本，对其进行各种调查，最后得到结果可能还是不进行贷款。三级服务网络是开展创新工作的基础和保障。利用县、乡、村三级金融服务网络，在金融方面所起的作用是人品、产品、抵押品"三品"一表，第一关就是人品问题，中国农村是一个熟人社会，生活几十年，老百姓对周边谁是还款人谁是不还款人，谁是守信用的人，谁是勤劳的人，谁是不干活的人，心里都比较清楚。使用这种方法来解决金融进农村信息不对称的断点，而且成本低到不用花钱。从一定程度上来讲，建立三级服务网络为金融机构进农村提供了坚强的组织保障，解决了金融机构进农村的信息不对称、征信沟通难、人力成本高等一系列问题。目前很多县在这方面都做了有益的尝试，并取得了一定成果。

以河北赤城县为例，以霞城三农担保公司为主体成立了县金融服务中心，县里成立金融工作小组，以县长为组长，主管副县长、其他主管农业的副县长以及各部门都参与进来，下设一个金融办。在金融办的基础上，为了强化政府对金融机构的服务职能，又组建了一个金融服务中心，然后把惠农担保公司划到金融服务中心，由金融服务中心负责监管。形成金融办、金融服务中心、惠农担保公司三套牌子，一套人马，来解决现有县级层面的事务，它负责指导全县开展金融扶贫各项工作。在乡镇，依托原有行政资源，相当于镇长为组长成立金融工作小组，依托乡财政所成立金融工作部。主管扶贫的副乡（镇）长为金融工作部的负责人，金融工作部接受乡党委、乡政府的领导，接受县金融服务中心的业务指导，负责本乡镇金融工作，职责明确。县里所花费的成本就是为每个乡里多花三次经费，成本相对比较低。在各个行政村建立了金融服务站，由村书记或村主任担任服务站站长，由信用社工作人员或村干部任副站长，由村两委成员或农民代表任金融专干，建成了覆盖全县的县、乡、村三级金融服务网络。注入赤城县农村信用联社3 000万元风险补偿金，若贷款发生本息损失，由风险补偿金和合作银行按8:2进行分摊，截至目前未发生资金损失。

8.2　创新农业组织形式吸引金融资本进入农业

创新农业组织形式是吸引金融资本进入农业、提高金融发展与农业现代化匹配度的有效举措。吸引金融资本进入农业领域，从根本上讲要靠市场力量、利益机制。在市场竞争中创新农业经营主体、转变农业生产经营方式，形成的品牌优势、稳定的产品需求和良好的经营绩效，是吸引金融资本的重要因素。因此，培育发展从事专业化、标准化、规模化生产经营的合作组织等新型农业经营主体，是解决现代农业发展中金融供给不足问题的有效举措。只有专业化、标准化、规模化，才能提高生产效率、确保产品品质，进而形成品牌优势。在实践中，一些地方政府推动建立了一批现代农业示范区、农业综合开发园区以及多种形式的新型农业合作组织，提高了农业生产水平和效率，有效吸引了金融资本进入农业，推动了农业现代化进程（刘立军和赵立三，2016）。

8.2.1　创新农业经营主体

培育发展从事专业化、标准化、规模化生产经营的合作组织等新型农业经营主体，是解决农业现代化进程中金融供给不足问题的有效举措。农业龙头企业、农民专业合作社、农业园区等农业经营主体等多种形式的新型农业合作组织，依靠其创新驱动、示范引领等作用，提高了农业生产水平和效率，有效吸引了金融资本进入农业，推进农业高新技术产业的发展，加速我国农业现代化的进程。

新型农业经营主体在驾驭市场方面具有更多的优势，能够集中地使用生产要素和更广泛地利用资源。在科技、资金和政策支持方面构造了推进现代农业发展的平台，一是有利于形成适度规模经济，二是通过把握产品质量标准及借助市场获得价格优势。该价格优势包括较低的要素和服务价格与相对稳定的较高的产品价格，客观上，如果达不到供求方面的价格优势，那么农业龙头企业、农民专业合作社、农业园区等新型农业经营主体就很难依赖市场自主地发展起来。

以河北省玉田县为例，农业园区的建设有效地带动了玉田县现代农业发展。玉田县立足传统农业资源禀赋和现代经济地理优势，积极探索示范平台、科技支撑、金融保障为一体的现代农业发展模式。2010 年 8 月农业部认定玉田县为首批国家现代农业示范区；2011 年 12 月被农业部、中国银监会等四部委批复为全国农村改革试验区；2012 年 4 月被科技部确定为第四批国家级农业科技园区，2012 年 5 月唐山市政府专门设立了副县级的园区管委会，负责农业科技园区的建设与发展工作；2013 年 4 月玉田又被农业部、财政部确定为 21 个国家现代农业示范区改革与建设试点之一，依托三个国家级园区，该县拥有市级以上农业产业化重点龙头企业 36 家（国家级 1 家、省级 5 家），新西兰恒天然牧场、中粮集团饲料加工、双汇食品、新希望饲料等一批大项目相继落户玉田，农业产业化经营率达到 75.5%。在农业园区的建设过程中，对于项目的实施与市场的打造更多地取决于市场主体和能人的带动作用，要重视充分发挥和调动市场主体的积极性（刘立军等，2017）。但在园区的整体规划和政策引导方面应体现政府的作用，政府所应担当的是经济政策落实的主体。针对新的经济发展形势，尤其是京津冀一体化协同发展的现实背景，玉田县的农业园区在重新构思自己的发展空间。就园区项目建设的历史来看，有很多大型项目来自京津地区的产业转移，其产品市场是西接北京，南抵天津，辐射东北，甚至销往国外。正如在建中的北京同仁堂药业基地，引进的新西兰恒天然牧场和双汇龙头企业，以及 2013 年集强合作社与北京大北农科技集团合作，联合建立了 500 亩分子育种试验示范基地，现已成功研发 10 余种具有国际竞争力的农作物新品种。园区已经敏感地意识到，京津冀的协同发展于 2014 年纳入国策，有关经济政策导向会成为今后园区发展建设的重要资源。京津冀协同发展要求一定会在市场主体中客观存在，因为他们每天需要面对的是资源和生产要素的流转运动，面对的是市场方向和产品品牌，面对如何把手中的资源整合配置与利用得更好，等等；他们富有企业家的创业精神，很可能或其至不太重视短期的利润和遇到的困惑，但一定考虑了长期的存在与发展要求。这就是我们在玉田看到的，猫王公司董事长张金齐秉承的理念是农产品标准化生产，认为这是利用现代科技打造产品品牌的基础；他极其重视产业链的延伸，把农业与加工业、服务业三产融合，做到无缝连接。因此他非常追求合作，在他的经营模式中，除了 "公司＋基地＋农户"组成的合作社，为了保证质量和品牌信誉 "＋标准化"，还要 "＋跨界合作"（王健等，2016）。

8.2.2　转变农业生产经营方式

转变农业生产经营方式，是吸引金融资本进入农业的有效途径。近年来推行的 "龙头企业＋基地＋农户" 等生产经营方式，坚持以政府为引导、市场化运作、企业带动、科技引领、金融扶持、规模发展，既避免了贷款风险又促进了农业现代化。不仅培育了产业，带动了农户的发展，更是加快了农业现代化的进程。

自从实施家庭联产承包责任制以来，分包到户和土地细碎化使农业难于规模化，农业生产中自种、自收的传统生产方式更加难以实现标准化和现代化。在农业生产过程中，农业生产者的比较优势难以发挥，难以实现专业化，生产效率难以再提高。土地的集体所有制形式，使金融资本进入农业遭遇 "瓶颈"，现代农业发展需要金融支持，而金融资本难以找到支持农业的路径。近年来，各县、乡镇实际情况，所推行的 "一村一品、一乡一业"，有力地推动了农业现代化的进程。企业带农户、能人带农户的产业带动新模式，充分利用金融资金的引导作用促进了种养业的规模发展和科学发展。推行 "公司＋基地＋劳务合作社" "担保＋银行＋企业＋农户" "政府＋龙头企业＋合作组织＋农户＋金融机构" "政府＋银行＋企业＋农户＋保险" 等 "三位一体" "四位一体" "五位一体" 的新型农业组织发展模式，依靠政府主导，搞好产业规划，完善支持政策，培育现代农业支柱产业；以银行为助力，破解企业农户发展资金 "瓶颈"；利用企业带动能力，为农户提供产前、产中、产后全程服务，实现标准化、集约化、产业化生产经营；农户参与，创新模式，多渠道增加收入。根据贫困户的实际情况，采取合作经营、自主经营、入股分红等不同生产经营模式；最后依靠农业保险兜底，使产业发展有保障。

以河北赤城县的华耐种苗繁育基地为例，基地在经营中，逐渐探索出"公司＋基地＋劳务合作社""公司＋专业合作社"等利益联结模式、"公司＋基地＋劳务合作社"模式。农户通过务工学习种植技术，并享受"土地租金＋劳务工资"双重收入，实现"零投入、零风险"。公司长期务工人员达50多人，高峰期达到200人，在获得每亩700元土地租金的同时，每天打工收入平均100元。一年打工期以约为7个月计算，年可实现打工收入不少于18 000元。"公司＋专业合作社"模式：合作社以土地与公司签订种植合同，公司负责提供生产原料、技术服务和销售平台。合作社吸纳农户，按照公司标准对产业基地进行生产经营，农产品销售后，合作社按农户土地亩数收取相应管理费用，并对超过基本产量的部分，合作社享受50%的销售利润，农户获得"种植收入＋效益提成"双重收入。以上两种模式实现了"土地租金＋务工薪金＋效益提成"三重收入，带动农民增收。①

以瑞泰农业开发有限公司为例，该公司位于河北阜平县史家寨乡史家寨村，注册资金3 000万元。下设四个园区：史家寨园区，董家村园区，红土山园区，下庄凹里园区。公司于2015年底在史家寨主园区建成香菇工厂化基地200亩，菌棒加工厂50亩，保鲜库一座，暖棚100栋，设计能力为日产香菇1.8吨；在其他三个园区建300栋出菇棚。2016年继续投资3 000万元，建设标准化食用菌大棚及发菌棚500亩。年创产值达到5 000万元，年利润2 290万元，辐射农户500户。公司的发展模式为，采用五位一体（"政府＋龙头＋技术＋基地＋农户"）、"六统一分"（统一建棚、采购原辅材料、引进制备菌种、生产菌棒、技术服务与产品收回，以户为栽培单元精细管理）运营新格局，以瑞泰农业开发有限公司为龙头，建设菌棒厂，为全乡提供优质菌棒，回收产品统一销售。通过担保贷款支持1 000万元，带动农户102户，贷款

---

① 资料来源：河北农业大学团队调研后整理。

1 020万元。[①]

以河北隆化县为例，针对传统贷款模式中，农业产业和农户缺乏完全意义上的抵押条件，难以获取贷款支持的实际问题，隆化县积极协调金融部门，整合资源，探索创新了"政府、银行、企业、贫困户、保险"五位一体的"政银企户保"农业合作贷款模式，着力打通金融扶贫"绿色通道"。一是政府搭台。以深化供销社改革为契机，成立全县农业政策性担保服务中心，由县供销社管理，保障"政银企户保"模式高效运行。县政府注资 1 亿元，在担保中心设立"资金池"，作为农业企业（合作社）、贫困户贷款的担保金和风险金，以及还款的"缓冲金"。二是银行参与。政府将全部涉农资金存入合作银行，增加银行营业性收入，以此调动银行积极性，促其创新信贷品种，增加信贷比例，放宽贷款条件。银行根据担保资金额度，按 1∶10 的比例放大贷款金额。三是保险兜底。引入保险公司，与政府、银行按照 8∶1∶1 的比例共同承担贷款风险，进一步提升银行放贷信心。四是企业与农户双受益。实施农村经济合作组织全覆盖工程，将能纳入合作组织的贫困人口全部纳入，农业企业（合作社）按照与贫困户签订的利益联结协议进行分红，并优先流转贫困户土地、安排贫困人口就业，使其"挣租金、赚薪金、分股金"。现已发放贷款 2 854 笔 3.34 亿元。通过金融撬动，现已流转土地 11.3 万亩，发展市级以上农业龙头企业 44 家，农民专业合作社 1 350 个，实现了所有行政村全覆盖，企业与农户的利益联结机制已初步形成。[②]

8.3　提高金融发展水平促进农业现代化进程

提高金融发展水平、完善农村金融服务体系是提高金融发展与农业现代化的匹配度，实现金融资本与农业现代化对接的基础工作。根据金融发展与农业现代化的匹配路径分析结果，导致金融发展与农业现代化的匹配程度低的原因主要是受到金融结构中保险、期货、资本市场等因素的制约。制约金

---

①②　资料来源：河北农业大学团队调研后整理。

融资本进入农业领域的因素，除了收益，还有风险防范问题。因此，应该以实现合理收益和有效风险防范为核心，提高金融发展水平，完善农村金融服务体系。全面建立农业生产经营保险制度，既解除农业生产的后顾之忧，又为金融资本进入农业设置风险防火墙；通过资本市场，可以拓宽农业的融资渠道；积极稳妥发展农产品期货市场，农产品期货交易能够提供指导未来农业生产经营活动的价格信号，可以有效对冲农业生产经营中的不确定性和价格风险；建立农村信用担保体系，优化金融生态环境，可以健全防范农业金融风险的市场机制；因此，应全面建立农业生产经营保险制度、建立多层次资本市场以拓宽农业融资渠道、推进和建设农产品期货市场。除此之外，首先政府应该建立县、乡、村三级金融服务网络、建立农村信用担保体系，优化金融生态环境。县、乡、村是农业发展的重要依托，同时又是金融发展水平最薄弱的环节，只有政府搭建好平台，组织得力，创造良好的市场环境和金融生态环境，才能为金融资本进入农业提供路径。

8.3.1 完善农业保险市场

全面建立农业生产经营保险制度，不但可以解除农业生产的后顾之忧，还可以为金融资本进入现代农业设置风险"防火墙"。实施农业生产经营过程中的全面保险制度，充分发挥解决保险制度的防灾、减灾作用，解决农业生产的后顾之忧，同时，保险制度还是农业信贷的重要"担保制度"。农业保险制度为金融资本风险设置"防火墙"，既解决贷款贵、贷款难又要防范金融风险，所以，保险制度是完善金融服务农业体系的重要组成部分。银行作为企业，注重的是效益，以利润最大化为目标，历来对农业贷款不太感兴趣。它的资金大多是从第一产业流向第二产业，从第二产业流向第三产业，资金从农村流向城市这是由银行的逐利性决定的。保险也是如此，保险公司愿意涉足风险较小、盈利能力较大的车险、寿险等，通常不愿意做农业保险。农业保险全覆盖，这样降低农民贷款的风险，是解决农民贷款难、贷款贵，银行风险高的问题的有效途径。

江苏省成功地实验和推广了联办共保模式。按照政策规定建立联办共保模式。联办共保就是金融服务中心与人保财险共同开展农业保险业务，所有的保费收入五五分成、所有的保险理赔五五分担。举例来说，农户入保险加上政府分担的保费共 100 元，人保财险与金融服务中心各收入 50 元，需要进行理赔 80 元，则各拿出 40 元。提高农民的参保性能够兜住其农业生产的底线，为此政府需承担 60% 的保费补贴。提高了农民参保积极性从而降低了贷款风险。农业生产周期长、收益低同时受到气候、病虫害、市场等因素的影响，农民在受到灾害的情况下，损失惨重；若农业保险进入，那么通过保险费，农民保留了再生产的能力，这将有利于农民的财富积累，有利于农业的转型升级。

河北阜平县在全面建立农业生产经营保险制度上卓有成效。一是主要种养产品实现了农业保险全覆盖的同时创新保险险种。在玉米、奶牛、能繁母猪、育肥猪四个政策性产品外，在银保监会的支持下，开发了大枣、核桃、肉牛、肉羊等 17 个商业保险产品，实现了对全县所有主要种养产品商业保险全覆盖，为农业发展兜住了经营风险。二是为降低农民保费成本，财政适当补贴保费。商业保险产品农户和企业自缴保费的 40%，政府补贴保费的 60%。2015 年农业保险财政补贴保费 391 万元，2016 年实现了大枣、核桃、肉牛、肉羊、猪、鸡、食用菌等主要产品实现全覆盖，经测算共补贴保费 2 120 万元左右。三是设立农业保险基金。县财政一次性注资 3 000 万元设立保险基金，以后每年将应补贴的保费列入财政预算，直接打入保险账户。保费收入由人保财险公司和政府保险专户 5∶5 分成；保险理赔由人保财险公司和政府保险专户 5∶5 分担。如果当年的理赔金额小于保费收入，结余自动留存在保险基金，不断扩大保险基金规模，提高防灾能力。四是科学勘察定损理赔。由人保财险公司、政府相关部门和乡村两级金融服务机构共同实地勘察定损，按照实际损失程度赔付理赔金额的 95%。2015 年全年共办理农业保险 451 单，覆盖 176 个村 4.27 万户，保费 1 090.63 万元，保险金额 11.43 亿元。全年理赔金额 1 483 万元，共涉及 116 个村 2.01 万户。另外，结合农民在市场经济中受到的伤害大这一实际情况，阜平县发明了成本损失险。举例来说，某农户有 1 000 只羊，每只羊的购入成本是 300 元，养殖期为 5 个月，饲养成本为 500 元，在不计人力成本的情况下，如果卖出价格为 800 元，则不赔不赚。如果卖 900 元，则利润为 100 元，那么这 5 个月就挣得 100 000 元；如果因为市场价格的剧烈波动，使每只羊只卖了 700 元钱，农户便损失 100 000 元，那么农户规模养殖的积极性就会急剧下降。市场瞬息万变，当市场价格高时，农民一哄而上，而不去考虑市场周期等问题，很容易受到价格波动的影响，造成经济损失。针对这种现象，阜平县出台了大枣、核桃、肉牛、肉羊成本损失保险。如果种植一棵树每年的成本为 10 元，当市场价格小于 10 元时，保险公司赔偿损失价格的 95%。假设小羊购入时价格为 10 元/斤，加上后续的饲养成本等，如果卖到 8.5 元每斤就实现盈亏平衡，若市场价格为 8.3 元/斤，农民共养殖羊 10 000 斤，那么保险就赔偿农民养殖成本损失数额 2 000 元的 95%，这和价格指数保险有相同点，成本损失保险的本质是赔偿成本。通过完善农业保险经营制度，阜平县有力地防范了农业风险，支持了现代农业的生产。[①]

8.3.2 健全多层次资本市场

与股权交易所等进行战略合作，引导中小企业到资本市场融资。培育和扶持基础好、发展潜力大、效益显著的农业企业挂牌上市，有效拓宽了农业企业的融资渠道。与政策性银行合作，争取对产业发展和基础设施建设的支持。与品牌公司合作，创建支持企业发展基金平台，尝试建立商业担保公司，为农业企业、农民专业合作社、农业园区等新型农业经营主体提供融资担保。

以河北阜平为例，其与石家庄股权交易所（以下简称石交所）进行战略合作，引导中小企业到资本市场融资。目前，阜平县春利牧业、亿林枣业、阜彩蔬菜等四家企业已在石交所挂牌上市，有效拓宽了融资渠道。与政策性银行合作，支持产业发展和基础设施建设。县政府与中国农业发展银行（以下简称农发行）签订了框架合作协议，目前农发行已授信 7.11 亿元，县政府与国家开发银行合作争取到了 10.25 亿元贷款用于农村基础设施建设和县城棚改项目。与保定银行合作贷款 5 亿元用于山区综合开发项目。与品牌公司合作，创建支持企业发展基金平台。与河北省信息产业投资有限公司达成合

---

① 资料来源：河北农业大学团队调研后整理。

作意向,筹划建立 2 亿元的商业担保公司,为县内企业提供融资担保;与深圳市创新投资集团达成合作意向,拟合作建立 2 亿元的创业投资基金,为中小企业创业提供资金支持。与国投创益产业基金管理有限公司达成 6 300 万元的股权投资协议,有力地拓宽了融资渠道。[①]

8.3.3 积极发展农产品期货市场

农产品期货交易活动提供了指导未来农业生产经营活动的价格信号,可以有效对冲农业生产中的不确定性和未来的价格风险。通过期货市场可以展望未来农产品价格走势,引导农业生产,平抑农产品价格,防范农业生产中的"增产不增收的大小年"问题。完善强农惠农富农政策体系,全面提升金融支农能力和水平,推动金融支持和服务现代农业发展。农产品期货市场因其价格发现、分散风险等功能,在调整农业种植结构、增加农民收入、支持农业经济发展等方面具有十分重要的意义。我国期货市场经过 20 年的发展已基本形成了较为完整的农产品期货品种体系,但其促进农业经济作用的发挥,仍有不足和需要改进的地方。

为充分发挥农产品期货市场在促进现代农业发展中的作用,必须进一步完善与发展农产品期货市场。开发农产品期货新品种,适时推进期货期权,完善市场品种结构;吸引新的投资主体与资金参与期货市场,优化投资者结构,我国期货市场参与主体以中小投资者为主,投机交易占比较大,这种投资主体结构状况非常不利于市场的稳定发展;为解决农民的农产品销售问题,很多地方大力推行订单农业,但订单农业的风险补偿一直是困扰农产品产业化经营的重要问题,导致订单农业履约率较低。相对于普通订单方式,期货订单可以利用期货市场的套期保值机制和履约担保机制,化解由于粮食市场价格变化、订单合同不履约带来的双重风险,体现为风险管理社会化、市场手段多样化、内部运行规范化的重要优势,为粮食产业化发展等创造有利条件。这就是人们普遍认识的以龙头企业为主导的先卖后种的"公司+农户,

---

① 资料来源:河北农业大学团队调研后整理。

期货 + 订单"的生产经营方式。我们认为有必要在粮食主产区大力扶持和推动期货订单这一创新性的农业产业化经营模式。同时，各地发展起来的订单农业生产经营方式的具体内容也有所差别，有必要因地制宜，不断完善（刘立军、赵立三，2017）。

8.3.4 培育农村信用担保体系

由政府搭建平台，建立农村信用担保体系，可以优化金融生态环境。例如成立惠农公司，与银行等金融机构合作，确定农业贷款比例，简化农业贷款审批流程，创新方便快捷、额度大、期限灵活的金融产品。坚持激励和惩戒相结合，营造良好的农村信用环境。一方面建立农村诚信体系，通过"边采集、边办理"的方式采集农户信息，逐步建立农户电子信用信息档案，并通过云平台实现各金融机构信息共享；另一方面严厉打击恶意骗保、骗贷等行为，建立守信激励和失信惩戒机制，树立"信用也是财产"的社会共识，提升社会信用管理水平，优化金融生态环境。

由农业保险兜住贷款的风险，再加上政府担保进一步化解贷款的风险，同时为了防范农民在贷款中的道德风险，通过合同的方式将其固定。在进行农村诚信体系建设中采取边办理边采集的方式，建立农户电子信用信息档案，未来可通过本系统对农户进行信用评级，并实现各信用金融机构共享，通过该系统使大多数农户都能贷到款。会导致信用评分大幅度下降的原因主要有两个方面：一是缠访闹访户；二是在银行贷款却不归还。在贷款方面要设立两个主要机制：一是守信激励机制；二是失信约束机制。守信激励机制即若贷款按时归还则可提高贷款额度，以此来激励贷款人按时还款。失信约束机制就是对之前所有的欠款进行集中清理，使农户了解，贷款必须还，只有还完之前所贷的款，才能继续再贷款。

以张家口市崇礼区为例，在财政局设立投融资平台、委托农工部建立产权交易平台、在城市建设投资公司成立担保中心，并正常运行，按 1∶8 的比例放大业务倍数；建立了县、乡、村三级金融服务网络，与农村信用联社和邮政储蓄银行建立合作关系，并签署合作协议，将 920 万元风险补偿资金用于农村信用合作联社，240 万元风险补偿金用于邮政储蓄银行，1 840 万元风险补偿金用于美丽乡村建设，按 1∶5 放大倍数进行放贷，现在正在正常运行中。通过金融平台建设及服务保障，现代农业在发展过程中得到了资金支持，取得了显著成效。[①]

以河北赤城县为例，该县霞城三农信用担保有限公司成立于 2012 年 12 月，由县政府注资 1 亿元设立，以"服务现代农业发展"为宗旨，构建融资担保平台，公司先后与农村信用联社、张家口商业银行合作，各注资 1 000 万元，以 1∶5 的比例放大业务资金，发放贷款，截至目前，累计办理贷款担保 144 笔，担保总额 19 087 万元。[②]

8.4 本章小结

根据对金融发展水平和农业现代化水平的综合评价、金融发展对农业现代化的动态关系分析、匹配度分析和匹配路径分析的实证分析结果，结合对河北省多县的实地调研，对如何提高金融发展与农业现代化的匹配度，突破中国在农业现代化进程中的金融"瓶颈"提出了对策建议。认为突破中国在农业现代化进程中的金融"瓶颈"需要政府、金融和农业的共同努力。从政府的角度，首先应该针对不同的地区，所处的不同农业发展阶段，金融发展水平和农业现代化水平的不同，制定不同的金融政策和农业政策；其次应该针对县、乡、村这一金融发展薄弱的环节，建立县、乡、村三级金融服务网络，以解决金融与农业对接时的信息不对称、人力成本高的问题。从农业自身而言，创新农业组织形式是实现金融资本与现代农业对接的有效举措，其中创新农业组织形式的主要方式有创新农业经营主体、转变农业生产经营方式。提高金融发展水平、完善农村金融服务体系是实现金融资本与农业对接的基础工作。全面建立农业生产经营保险制度、建立多层次资本市场、推进和建设农产品期货市场和建立农村信用担保体系等举措可以有效实现金融资本与农业相对接。

---

①② 资料来源：河北农业大学团队调研后整理。

第9章
研究结论与展望

本书首先理论分析了金融发展与农业现代化之间的关系，然后在构建金融发展评价指标体系和农业现代化评价指标体系，并对中国31个省份的金融发展水平和农业现代化水平进行综合评价基础上，分析金融发展与农业现代化的动态关系，并构建金融发展与农业现代化匹配度模型，实证分析中国东部、中部和西部地区及31个省份金融发展与农业现代化的匹配度，利用SEM分析金融发展与农业现代化的匹配路径，最后针对中国金融发展和农业现代化现状，对于如何突破中国农业现代化的金融"瓶颈"提出对策建议。

9.1 研究结论

通过构建面板VAR模型，实证分析金融发展与农业现代化之间的动态关系。利用中国31个省份2009～2015年的面板数据，从各生产要素的投入角度，选取了土地、劳动力、资本和金融发展作为对农业现代化的影响因素，构建PVAR模型，验证金融发展与农业现代化之间的相关关系。通过Granger因果检验、面板方差分解分析和面板脉冲响应分析证明，金融发展是影响农业现代化的重要因素。

利用中国31个省份2009～2015年的面板数据，通过构建金融发展和农业现代化评价指标体系，计算中国各省份金融发展和现代农业的综合指数，利用综合指数计算 2009 ~ 2015 年中国 31 个省份农业现代化的金融发展弹性系数，确定其在不同时期的农业发展阶段；建立金融发展—农业现代化匹配度模型，计算中国东、中、西部地区及 31 个省份的金融发展和农业现代化的匹配度，分析不同地区处于农业现代化的不同时期，金融发展与农业现代化的匹配度对农业现代化的影响。分析结果显示，2009 ~ 2015 年中国东部地区处于传统农业向现代农业转型期，金融发展与农业现代化的匹配程度对农业现代化水平有着显著的影响，东部地区 F – A 匹配指数较高，金融发展的提高有效地促进了现代农业的发展；中部地区金融发展与现代农业是不匹配的，原因是中部地区的金融发展滞后于现代农业，没有能够有效地满足现代农业的发展需求，制约了现代农业发展；而虽然西部地区的 F – A 匹配指数也很高，但是金融发展并没有显著地促进了现代农业的发展。

通过分析 2009 ~ 2015 年中国 31 个省份的金融和现代农业的经验数据构建 FINA-AGRI 结构方程模型，研究了金融发展对现代农业的作用关系和影响路径。研究中所构建的结构方程模型假设检验支持了部分的研究假设。其中，金融规模对现代农业的影响显著，其相关研究假设均获得支持；金融结构对现代农业的发展影响不显著，其相关各研究假设均被拒绝；关于金融深度的假设检验中只支持了金融深度对农业经济效益的假设，其他假设均被拒绝。结果显示，中国金融发展水平与农业现代化的匹配度较低，金融发展未能够满足农业现代化进程中旺盛的金融需求。

针对实证分析结果，认为突破农业现代化的金融"瓶颈"需要政府、金融和农业的共同努力。提高金融发展水平、完善金融体系与创新农业组织形式，加大金融支农力度，可以激发农业经营主体的内生活力，发挥市场在资源配置中的决定性作用，是实现农业现代化和强农惠农富农政策的重要举措。在农业经济活动中，创新和组建专业化、标准化、规模化的合作组织是金融支持现代农业发展的基本路径。

9.2 研究展望

在现有条件和研究方法的限制下，本书存在以下不足：由于所构建的金融发展评价指标体系和农业现代化评价指标体系中涉及指标较多，由于数据获取和数据统计口径等问题的限制，使模型中所选用的数据时间跨度较短，无法完全反映中国金融发展和农业现代化的整体变化趋势。美国、加拿大和澳大利亚等国家的农业现代化水平都很高，由于指标体系中涉及数据量较大，本书中并没有获取这些国家的数据进行实证分析，为中国的农业现代化提供借鉴经验。在以后的研究中，力图完成以下一些工作：

（1）采用新的模型和方法，例如系统动力学模型，更为科学、客观地对金融发展与农业现代化的复杂关系进行评价和分析。

（2）获取美国、加拿大和澳大利亚等农业现代化水平较高国家的数据，构建模型，与中国同期横向比较，重新建立参照系，进一步测算金融发展与农业现代化的匹配区间，这将更具有研究价值。然而，基于目前的数据和研究情况，需要做更多的工作，这也将是今后的研究方向。

参 考 文 献

[1] [美] 爱德华·肖. 经济发展中的金融深化 [M]. 上海: 生活·读书·新知三联书店, 1988: 1.

[2] 白钦先. 金融结构、金融功能演进与金融发展理论的研究历程 [J]. 经济评论, 2005 (3): 39 – 45.

[3] 白人朴. 农业机械化与农民增收 [J]. 农业机械学报, 2004, 35 (4): 179 – 182.

[4] 蔡昉. 中国农村改革三十年——制度经济学的分析 [J]. 中国社会科学, 2008 (6): 99 – 110, 207.

[5] 曹栋, 唐鑫. 省际金融发展测度及波动研究 [J]. 社会科学家, 2016 (5): 44 – 49.

[6] 曹协和. 农业经济增长与农村金融发展关系分析 [J]. 农业经济问题, 2008 (11): 49 – 54.

[7] 曹执令. 区域农业可持续发展指标体系的构建与评价——以衡阳市为例 [J]. 经济地理, 2012 (8): 113 – 116.

[8] 陈长民. 西部金融结构现状与优化研究 [J]. 统计与信息论坛, 2009 (1): 49 – 53.

[9] 陈国生, 赵晓军. 洞庭湖区域农业可持续发展指标体系的构建与评价研究 [J]. 湖南社会科学, 2011 (5): 128 – 130.

[10] 陈建国, 崔光莲, 贾亚男. 新疆县域地区现代农业发展及其影响因素的实证分析 [J]. 新疆社会科学, 2009 (4): 32 – 36.

[11] 陈锡文. 构建新型农业经营体系 加快发展现代农业步伐 [J]. 经济研究, 2013 (2): 4 – 6.

［12］陈锡文. 坚持走中国特色农业现代化道路——学习习近平总书记相关论述的几点认识［J］. 中国农村经济，2016（10）：4－6.

［13］陈瑜琦，李秀彬. 1980 年以来中国耕地利用集约度的结构特征［J］. 地理学报，2009，64（4）：469－478.

［14］程智强，贾栓祥，洪仁彪. 农业机械化对农业和农村经济贡献率理论分析［J］. 农业工程学报，2001，17（2）：65－67.

［15］程智强. 上海农业可持续发展指标体系及其评价［J］. 农业技术经济，1999（1）：40－44.

［16］褚保金，莫媛. 基于县域农村视角的农村区域金融发展指标评价体系研究——以江苏省为例［J］. 农业经济问题，2011（5）：15－20，110.

［17］褚保金，游小建，卢朝晖. 应用面向对象分析思想构建农业可持续发展评价指标体系［J］. 农业经济问题，1999（11）：18－22.

［18］［法］大卫·特纳姆、英格里斯·杰格. 欠发达国家的就业问题：重新考察［M］."经济合作与发展组织"发展中心（巴黎），1971.

［19］邓莉，冉光和. 重庆农村金融发展与农村经济增长的灰色关联分析［J］. 中国农村经济，2005（8）：52－57.

［20］邓小平文选（第三卷）［M］. 北京：人民出版社，1993：366.

［21］丁艺，李树丞，李林. 中国金融集聚程度评价分析［J］. 软科学，2009（6）：9－13.

［22］董金玲. 江苏区域金融发展水平测度及聚类［J］. 华东经济管理，2009（12）：20－25.

［23］杜婕，霍焰. 农村金融发展对农民增收的影响与冲击［J］. 经济问题，2013（3）：97－102.

［24］芳铭. 结构方程模式理论与应用［M］. 北京：中国税务出版社，2005：174.

［25］付娆. 现代农业发展的科技支撑问题探讨［J］. 农村经济，2014（3）：121－124.

［26］傅晨. 广东省农业现代化发展水平评价：1999～2007［J］. 农业经济问题，2010（5）：26－33，110.

［27］高鹏，刘燕妮. 我国农业可持续发展水平的聚类评价——基于2000～2009年省域面板数据的实证分析［J］. 经济学家，2012（3）：59－65.

［28］高强，丁慧媛. 沿海地区适度规模现代农业发展水平测算——基于多种权重计算方法［J］. 山西财经大学学报，2012（1）：41－51.

［29］葛立群，孙贵荒，赖晓璐. 基于构造指数方法的辽宁区域间现代农业发展问题研究［J］. 中国软科学，2009（S2）：124－130.

［30］关爱萍，李娜. 金融发展、区际产业转移与承接地技术进步——基于西部地区省际面板数据的经验证据［J］. 经济学家，2013（9）：88－96.

［31］郭冰阳. 用动态筛选方法构建我国农业现代化评价指标体系［J］. 统计与决策，2005（21）：42－43.

［32］韩长赋. 大城市发展现代农业的几个问题［J］. 农村实用技术，2014（7）：12－17.

［33］韩俊. 中国经济改革30年：农村经济卷（1978～2008）［M］. 重庆：重庆大学出版社，2008.

［34］韩士元. 农业现代化的内涵及评价标准［J］. 天津社会科学，1999（5）：68－70.

［35］韩廷春. 金融发展与经济增长的内生机制［J］. 清华大学学报（哲学社会科学版），2003（S1）：82－87.

［36］郝生宾，于渤. 企业技术能力与技术管理能力的耦合度模型及其应用研究［J］. 预测，2008，27（6）：12－15.

［37］何振国. 中国财政支农支出的最优规模及其实现［J］. 中国农村经济，2006（8）：4－9.

［38］侯杰泰，温忠麟，成予娟. 结构方程模型及其应用［M］. 北京：教育科学出版社，2005：213.

［39］胡帮勇，张兵. 农村金融发展对农民增收的支持效应分析——基于收入结构的视角［J］. 经济与管理研究，2012（10）：56－63.

［40］胡浩，张锋. 中国农户耕地资源利用及效率变化的研究［J］. 中国人口·资源与环境，2009，19（6）：131－136.

［41］黄达.货币银行学［M］.成都：四川人民出版社，1992：70.

［42］黄祖辉，林本喜.基于资源利用效率的现代农业评价体系研究——兼论浙江高效生态现代农业评价指标构建［J］.农业经济问题，2009（11）：20－27，110.

［43］贾登勋，刘燕平.西部地区现代农业发展水平评价［J］.西藏大学学报（社会科学版），2014（1）：1－6.

［44］贾云庆，张美丽，石春生.高端装备制造企业 OI 与 TI 的匹配度测量模型构建及应用研究［J］.工业技术经济，2014（1）：21－28.

［45］蒋和平，黄德林，郝利.中国农业现代化发展水平的定量综合评价［J］.农业经济问题，2005，（S1）：52－60，69.

［46］金学群.金融发展理论：一个文献综述［J］.国外社会科学，2004（1）：8－14.

［47］［英］凯恩斯.就业、利息与货币通论［M］.上海：上海三联书店，1990：17－19.

［48］柯炳生.关于加快推进现代农业建设的若干思考［J］.农业经济问题，2007（2）：18－23，110.

［49］孔祥智，李圣军.公共财政支持与现代农业发展［J］.河南社会科学，2007（2）：28－30.

［50］［法］魁奈.魁奈经济著作选集［M］.北京：商务印书馆，1981：69.

［51］［美］雷蒙德·W.戈德史密斯.周朔等译.金融结构与金融发展［M］.上海：上海人民出版社，1994.

［52］雷志敏.金融发展促进农民增收问题研究［J］.理论探讨，2013（4）：80－84.

［53］李福祥，刘琪琦.我国地区金融发展水平综合评价研究——基于面板数据的因子分析和 TOPSIS 实证研究［J］.工业技术经济，2016（3）：152－160.

［54］［英］李嘉图.政治经济学及赋税原理［M］.北京：商务印书馆，1962：227.

[55] 李林杰，郭彦锋. 对完善我国农业现代化评价指标体系的思考 [J]. 统计与决策，2005（13）：34-36.

[56] 李雪松. 中国式分权与农业经济增长绩效动态追踪研究 [J]. 中国经济问题，2013（1）：51-61.

[57] 李耘涛，刘妍. 企业员工胜任力——人力成本匹配度模型构建及应用 [J]. 企业经济，2011（3）：66-69.

[58] 李正辉，胡碧峰. 我国省域金融发展的差异及其实证研究 [J]. 统计与决策，2014（12）：154-157.

[59] 梁小珍，杨丰梅，部慧，车欣薇，王拴红. 基于城市金融竞争力评价的我国多层次金融中心体系 [J]. 系统工程理论与实践，2011（10）：1847-1857.

[60] 林正雨，李晓，何鹏. 四川省农业现代化发展水平综合评价 [J]. 中国人口资源与环境，2014（S3）：319-322.

[61] 刘翠. 构建金融支持农业发展绩效四维评价指标体系——基于31个省份数据的经验分析 [J]. 华北金融，2013（1）：26-31.

[62] 刘晗，王钊，曹峥林. 农业要素配置效率及其地区收敛性研究——基于省际面板数据的实证分析 [J]. 中南大学学报（社会科学版），2016，22（4）：70-78.

[63] 刘金全，徐宁，刘达禹. 农村金融发展对农业经济增长影响机制的迁移性检验——基于PLSTR模型的实证研究 [J]. 南京农业大学学报（社会科学版），2016（2）：134-143，156.

[64] 刘立军，王健，秦伟. 金融发展对我国现代农业的影响分析——基于结构方程模型和31省份的实证分析 [J]. 经济问题，2017（4）：70-75.

[65] 刘立军，赵立三. 大豆期货与豆油期货的价格关系——基于大连商品交易所的经验分析 [J]. 河北大学学报（哲学社会科学版），2017（3）：103-108.

[66] 刘立军，赵立三. 突破现代农业发展的金融瓶颈 [N]. 人民日报，2016-11-14.

[67] 刘晓越. 农业现代化评价指标体系 [J]. 中国统计，2004（2）：

11 – 13, 10.

[68] 刘志雄. 广西农村经济增长的金融支持研究——基于帕加诺模型的实证 [J]. 广西民族大学学报（哲学社会科学版），2010 (2)：113 – 116.

[69] 卢方元，王茹. 中原经济区农业现代化水平的综合评价 [J]. 地域研究与开发，2013 (4)：140 – 143.

[70] [美] 罗纳德·I. 麦金农. 经济发展中的货币与资本 [M]. 上海：上海三联书店，1988：8.

[71] [美] 罗纳德·I. 麦金农. 经减低银行导向的济发展中的货币与资本 [M]. 上海：上海三联书店，1988：26.

[72] 马广，应义斌. 农业工程技术在农业现代化中的作用 [J]. 农机化研究，2003 (4)：20 – 22.

[73] [美] 麦金农、李若谷，吴红卫译. 经济自由化的顺序：向市场经济过渡中的金融控制 [M]. 北京：中国金融出版社，1993.

[74] [美] 梅尔 (Mellor, J.). 何宝玉等译. 农业经济发展学 [M]. 北京：农村读物出版社，1988.

[75] 米建国，李建伟. 我国金融发展与经济增长关系的理论思考与实证分析 [J]. 管理世界，2002 (4)：23 – 30.

[76] 米军，黄轩雯，刘彦君. 金融发展理论研究进展述评 [J]. 国外社会科学，2012 (6)：94 – 96.

[77] 穆献中，吕雷，胡广文. 中国—中亚五国金融发展水平差异评价研究及展望 [J]. 经济研究参考，2016 (4)：39 – 47.

[78] "农业现代化评价指标体系构建研究"课题组，张淑英，夏心旻. 农业现代化评价指标体系构建研究 [J]. 调研世界，2012 (7)：41 – 47.

[79] 彭晓洁，冀茜茹，张翔瑞. 江西农业可持续发展评价与对策研究 [J]. 江西社会科学，2011 (9)：76 – 79.

[80] 齐城. 中国现代农业评价指标体系设置及应用研究 [J]. 农业经济问题，2009 (3)：13 – 20.

[81] 邱俊杰. 农业结构优化对土地生产率和农业增长的影响 [J]. 华南农业大学学报（社会科学版），2009 (2)：68 – 74.

［82］全国人大. 高级农业生产合作社示范章程［M］. 北京：法律出版社，1956.

［83］［法］萨伊. 陈福生等译. 政治经济学概论：财富的生产、分配和消费［M］. 北京：商务印书馆，1963：72.

［84］［法］萨伊. 政治经济学［M］. 北京：商务印书馆，1963（2）：120.

［85］山世英. 山东农业可持续发展指标体系及其能力评价［J］. 农业技术经济，2002（4）：47－50.

［86］尚正永. 江苏农业发展水平空间差异的定量评价［J］. 统计与决策，2007（21）：129－131.

［87］苏静，胡宗义，朱强. 中国农村非正规金融发展的收入效应——基于东、中、西部地区面板数据的实证［J］. 经济经纬，2013（3）：31－35.

［88］苏昕，王可山，张淑敏. 我国家庭农场发展及其规模探讨——基于资源禀赋视角［J］. 农业经济问题，2014，35（5）：8－14.

［89］［日］速水佑次郎，弗农·拉坦. 农业发展：国际前景［M］. 北京：商务印书馆，2014.

［90］［日］速水佑次郎. 李周译. 发展经济学：从贫困到富裕［M］. 北京：社会科学文献出版社，2003.

［91］［日］速水佑次郎. 农业经济论［M］. 北京：中国农业出版社，2003.

［92］孙武军，宁宁，崔亮. 金融集聚、地区差异与经济发展［J］. 北京师范大学学报（社会科学版），2013（3）：92－103.

［93］孙孝汉. 论金融是现代经济的核心——学习《邓小平文选》第三卷笔记［J］. 福建金融管理干部学院学报，1994（1）：2－8.

［94］谈儒勇. 中国金融发展和经济增长关系的实证研究［J］. 经济研究，1999（10）：53－61.

［95］谭爱花，李万明，谢芳. 我国农业现代化评价指标体系的设计［J］. 干旱区资源与环境，2011（10）：7－14.

［96］谭首彰. 毛泽东和中国农业现代化［M］. 长沙：湖南大学出版社，

2009：44 - 45.

[97] 谭燕芝. 农村金融发展与农民收入增长之关系的实证分析：1978 ~ 2007 [J]. 上海经济研究，2009 (4)：50 - 57.

[98] 佟光霁，张晶辉. 基于灰色多层次模型的多功能农业发展水平评价——以哈尔滨市为例 [J]. 辽宁大学学报（哲学社会科学版），2014 (3)：70 - 76.

[99] [美] 托玛斯·赫尔曼，凯文·穆尔多克，约瑟夫·斯蒂格利茨. 金融约束：一个新的分析框架 [J]. 经济导刊，1997 (5)：43 - 48.

[100] 汪小平. 中国农业劳动生产率增长的特点与路径分析 [J]. 数量经济技术经济研究，2007，24 (4)：14 - 25.

[101] 王丹，张懿. 农村金融发展与农业经济增长——基于安徽省的实证研究 [J]. 金融研究，2006 (11)：177 - 182.

[102] 王广谱. 中国金融发展中的结构问题分析 [J]. 金融研究，2002，42 (5)：47 - 56.

[103] 王广谦. 中国经济改革 30 年：金融改革卷（1978 ~ 2008）[M]. 重庆：重庆大学出版社，2008：2 - 4.

[104] 王健，汲朋飞，刘立军. "互联网 + 现代农业园区" 的个案研究 [J]. 经济纵横，2016 (9)：96 - 100.

[105] 王健，解聪，张悦玲. 发挥京津冀资源优势加快现代农业发展 [J]. 天津农业科学，2015，21 (10)：34 - 38.

[106] 王琪延，罗栋. 中国城市旅游竞争力评价体系构建及应用研究——基于我国 293 个地级以上城市的调查资料 [J]. 统计研究，2009 (7)：49 - 54.

[107] 王曙光. 金融发展理论 [M]. 北京：中国发展出版社，2010：319 - 320.

[108] 王文静. 天津金融服务业集聚影响因素研究 [J]. 科技管理研究，2012 (9)：34 - 38.

[109] 王英姿. 中国现代农业发展要重视舒尔茨模式 [J]. 农业经济问题，2014 (2)：41 - 44.

［110］王云才，郭焕成. 鲁西平原农业可持续发展的指标体系与评价——东昌府区的典型实例研究［J］. 中国农业资源与区划，2000（3）：32－36.

［111］卫思祺. 现代农业发展的要素整合与政策选择［J］. 中州学刊，2012（3）.

［112］魏巍，李万明. 农业劳动生产率的影响因素分析与提升路径［J］. 农业经济问题，2012（10）：29－35.

［113］吴井峰. 金融集聚与地区生态效率的空间计量实证研究［J］. 统计与决策，2016（3）：149－153.

［114］［美］西奥多·W. 舒尔茨. 改造传统农业［M］. 北京：商务印书馆，2006.

［115］夏祥谦. 各省区市金融发展水平的比较研究［J］. 金融理论与实践，2014（1）：63－68.

［116］相广芳，陈旻，雷广海，方斌. 无锡市现代农业评价体系构建［J］. 地域研究与开发，2009（4）：120－124.

［117］谢琼，方爱国，王雅鹏. 农村金融发展促进农村经济增长了吗？［J］. 经济评论，2009（3）：61－68.

［118］谢玉梅，徐玮. 农村金融发展对我国农民收入增长影响实证研究——基于2006~2011年的经验数据［J］. 湖南大学学报（社会科学版），2016，30（5）：89－94.

［119］辛俊，赵言文. 安徽省农业可持续发展指标体系构建与评价［J］. 江苏农业科学，2010（1）：376－379.

［120］熊学萍，谭霖. 中国区域金融发展水平测度与比较分析——基于省际面板数据（2004~2013）［J］. 经济与管理，2016（5）：72－78.

［121］徐万里. 结构方程模式在信度检验中的应用［J］. 统计与信息论坛，2008（7）：9－13.

［122］徐贻军，任木荣. 湖南现代农业发展水平评价［J］. 经济地理，2009（7）：1166－1171.

［123］徐璋勇，封妮娜. 对中国金融业发展省区差异的综合评价与分析

[J]. 当代财经, 2008 (7): 53 - 58.

[124] 薛永应, 张德霖, 李晓帆. 生产力经济论 [M]. 北京: 人民出版社, 1995: 9.

[125] [美] 亚当·斯密. 国民财富的性质和原因的研究 [M]. 北京: 商务印书馆, 1972.

[126] 燕小青, 张琴. 民间金融、农户增收与二元经济结构转换 [J]. 社会科学战线, 2015 (7): 52 - 58.

[127] 杨敏丽, 白人朴. 农业机械化与农业国际竞争力的关系研究 [J]. 中国农机化学报, 2004 (6): 3 - 9.

[128] 杨少垒. 中国特色农业现代化道路探索的历史进程 [J]. 农村经济, 2015 (10): 78 - 83.

[129] 杨霞. 我国农业发展水平的 GM - 熵赋权组合评价 [J]. 统计与决策, 2011 (19): 122 - 125.

[130] 易军, 张春花. 北方沿海地区农业现代化进程的定量评价 [J]. 中国软科学, 2005 (1): 134 - 139.

[131] 殷克东, 孙文娟. 区域金融发展水平动态综合评价研究 [J]. 商业研究, 2010 (12): 127 - 133.

[132] 尹卫兵. 基于 RDAP 四阶模型的新产品速度营销动态能力实证研究 [D]. 同济大学, 2009.

[133] 于平福, 赵克勤, 李维科. 基于联系数物元模型的现代农业发展水平综合评价 [J]. 资源开发与市场, 2008 (12): 1071 - 1074.

[134] 于晓虹, 楼文高, 余秀荣. 中国省际普惠金融发展水平综合评价与实证研究 [J]. 金融论坛, 2016 (5): 18 - 32.

[135] 余新平, 熊皛白, 熊德平. 中国农村金融发展与农民收入增长 [J]. 中国农村经济, 2010 (6): 77 - 86, 96.

[136] 俞姗. 福建省现代农业发展水平与对策研究 [J]. 福建论坛 (人文社会科学版), 2010 (7): 136 - 141.

[137] 禹跃军, 王菁华. 基于 VAR 模型的中国农村金融发展与农村经济增长关系研究 [J]. 经济问题, 2011 (12): 106 - 110.

［138］袁云峰，黄炳艺. 地区金融发展水平及其经济绩效研究［J］. 中央财经大学学报，2011（1）：33－38.

［139］张超，李哲敏，董晓霞，彭春燕. 金砖国家农业发展水平分析——基于熵权法和变异系数法的比较研究［J］. 科技与经济，2014（6）：42－46.

［140］张红宇. 关于中国现代农业发展的定位问题［J］. 农村经济，2014（9）：3－6.

［141］张乐，曹静. 中国农业全要素生产率增长：配置效率变化的引入——基于随机前沿生产函数法的实证分析［J］. 中国农村经济，2013（3）：4－15.

［142］张乐，潘武军. 适度金融资本与中国农业经济增长——基于向量自回归（VAR）模型的实证分析［J］. 华中农业大学学报（社会科学版），2015（2）：63－72.

［143］张立军，湛泳. 金融发展与降低贫困——基于中国 1994～2004 年小额信贷的分析［J］. 当代经济科学，2006（6）：36－42，123.

［144］张亮，衣保中. 东北地区金融发展水平评价与发展对策［J］. 税务与经济，2013（2）：62－67.

［145］张清正. 异质性视角下中国金融业集聚及影响因素研究［J］. 经济问题探索，2015（6）：162－169.

［146］张晓山. 发展现代农业——社会主义新农村建设的首要任务［J］. 前线，2007（4）：12－14.

［147］张一青. 中国省际金融发展水平研究——基于四阶段 DEA-Tobit 模型［J］. 现代管理科学，2016（7）：70－72.

［148］张友良. 湖南县域经济与现代农业发展实证研究［J］. 财经理论与实践，2008（6）：115－119.

［149］张宇青，周应恒，易中懿. 农村金融发展、农业经济增长与农民增收——基于空间计量模型的实证分析［J］. 农业技术经济，2013（11）：50－56.

［150］张羽，赵鑫. 农村金融发展拉动了农村经济增长吗——基于面板

平滑迁移模型的经验证据 [J]. 社会科学战线, 2015 (10): 257 - 261.

[151] 赵洪亮, 张雯, 马云启, 侯立白. 沈阳 3 县 1 市现代农业评价体系构建与实践 [J]. 江苏农业科学, 2012 (2): 349 - 352.

[152] 赵莹雪. 山区县域农业可持续发展评价指标体系及方法 [J]. 经济地理, 2002 (5): 534 - 538, 543.

[153] 郑少智, 黄梦云. 基于 Bayes 空间模型的区域金融发展影响因素分析 [J]. 商业研究, 2015 (1): 62 - 69.

[154] 中共中央国务院. 关于积极发展现代农业扎实推进社会主义新农村建设的若干意见 [Z]. 2007 - 01 - 29.

[155] 中共中央国务院. 关于深入推进农业供给侧结构性改革加快培育农业农村发展新动能的若干意见 [Z]. 2017 - 02 - 09.

[156] 中共中央国务院. 关于推进社会主义新农村建设的若干意见 [Z]. 2006 - 02.

[157] 中共中央文献办公室.《关于建国以来党的若干历史问题的决议》注释本 (修订) [M]. 北京: 人民出版社, 1985.

[158] 中共中央文献研究室. 建国以来毛泽东文稿 (第 4 册) [M]. 北京: 中央文献出版社, 1990: 379.

[159] 中共中央文献研究室. 毛泽东文集 (第 6 卷) [M]. 北京: 人民出版社, 1999: 432.

[160] 中国人民银行货币政策分析小组. 2011 年中国区域金融运行报告 [M]. 北京: 中国金融出版社, 2012.

[161] 周文, 孙懿. 包容性增长与中国农村改革的现实逻辑 [J]. 经济学动态, 2011 (6): 82 - 86.

[162] 周亚莉, 袁晓玲. 现代农业发展水平评价及其金融支持——以陕西省为例 [J]. 西安交通大学学报 (社会科学版), 2010 (1): 19 - 26.

[163] 周应恒, 耿献辉. "现代农业" 再认识 [J]. 农业现代化研究, 2007 (4): 399 - 403.

[164] 朱颜, 薛忠义, 李美宜. 中国经济发展战略研究综述 [J]. 云南财经大学学报, 2014 (4).

[165] A. Dobermann, et al. Solutions for Sustainable Agriculture and Food Systems: Technical Report for the Post – 2015 Development Agenda [R]. The matic Group on Sustainable and Food Systems of the Sustainable Development Solutions Network, New York, 2013.

[166] Anonymous. An Overview of the Canadian Agriculture and Agri-Food System [J]. Economic & Market Information, 2011.

[167] Arestis P., Demetriades P. O., Luintel K. B. Financial Development and Economic Growth: The Role of Stock Markets [J]. Journal of Money, Credit and Banking, 2001, 33 (1): 16 –41.

[168] Balestra P., Nerlove M. Pooling Cross Section and Time Series Data in the Estimation of a Dynamic Model: The Demand for Natural Gas [J]. Econometrica, 1966, 34 (3): 585 –612.

[169] Barth J. R., Caprio G., Levine R. Guardians of Finance: Making Regulators Work for US [M] //Guardians of Finance: Making Regulators Work for US. 2012.

[170] Barzel Y. Capital Stock Growth: A Micro-Econometric Approach by Edwin Kuh [J]. Journal of Political Economy, 1964.

[171] Bates, R. H. Markets and States in Tropical Africa: The Political Basis of Agricultural Policies [M]. Berkeley, CA: University of California Press, 2005.

[172] Beckmann J., Czudaj R. Volatility Transmission in Agricultural Futures Markets [J]. Economic Modelling, 2014, 36 (1): 541 –546.

[173] Beck T., Demirguc-Kunt A., Levine R. A New Database on the Structure and Development of the Financial Sector [J]. The World Bank Economic Review, 2000, 14 (3): 597 –605.

[174] Bencivenga V. R., Smith B. D. Financial Intermediation and Endogenous Growth [J]. Review of Economic Studies, 1991, 58 (2): 195 –209.

[175] Biekart K., Aitken R. The Financialization of Micro-Credit [J]. Development & Change, 2013, 44 (3): 473 –499.

[176] Bollen K. A. Structural Equations with Latent Variables [J]. New

York, John Wiley and Sons, 1989, 35 (7): 289 – 308.

［177］Booth, J. F. Cooperative Marketing of Grain in the United States and Canada [J]. Journal of Farm Economics, 1928, 10 (3): 331.

［178］Breger Bush, S. Derivatives and Development a Political Economy of Global Finance, Farming, and Poverty [M]. NewYork: Palgrave Macmillan, 2012.

［179］Briggeman, B. C. The Role of Debt in Farmland Ownership. Choices, http://www. choicesmagazine. org/choices-magazine/theme-articles/farmland-values/the-role-of-debt-in-farmland-ownership, 2011.

［180］Browne M. , Arminger G. Specification and Estimation of Mean and Covariance Structure Models [M] //Handbook of Statistical Modeling for the Social and Behavioral Sciences. Springer US, 1995.

［181］Browne, Michael W. An Overview of Analytic Rotation in Exploratory Factor Analysis [J]. Multivariate Behavioral Research, 2001, 36 (1): 111 – 150.

［182］Buxton A. , Campenale M. , Cotula L. Farms and Funds: Investment Funds in the Global Land Rush [J]. IIED Briefing Papers, 2012.

［183］Chanlau J. A. Pension Funds and Emerging Markets [J]. Financial Markets Institutions & Instruments, 2005, 14 (3): 107 – 134.

［184］Čihàk, Martin, Demirgüç-Kunt A, Feyen E, et al. Benchmarking Financial Systems around the World [J]. International Economic Review, 2012.

［185］Clapp J. Adjustment and Agriculture in Africa: Farmers, the State and the World Bank in Guinea [J] //Adjustment and Agriculture in Africa. Palgrave Macmillan UK, 1997.

［186］Clapp Jennifer. Cereal Secrets: The World's Largest Grain Traders and Global Agriculture [J]. Cereal Secrets the World's Largest Grain Traders & Global Agriculture, 2012.

［187］Clapp Jennifer. Cereal Secrets: The World's Largest Grain Traders and Global Agriculture [J]. Cereal Secrets the World's Largest Grain Traders & Global Agriculture, 2012.

［188］Clapp J. , Helleiner E. Troubled Futures? The Global Food Crisis and the Politics of Agricultural Derivatives Regulation [J]. Review of International Political Economy, 2012, 19 (2): 181 –207.

[189] Coleman W. D. , Grant W. P. Policy Convergence and Policy Feedback: Agricultural Finance Policies in a Globalizing Era [J]. European Journal of Political Research, 1998, 34 (2): 225 –247.

[190] Corea, G. Taming Commodity Markets: The Integrated Programme and the Common Fund in UNCTAD [M]. Manchester: Manchester University Press, 1991.

[191] Cowing C. B. Market Speculation in the Muckraker Era: The Popular Reaction [J]. Business History Review, 1957, 31 (4): 403 –413.

[192] Cronbach L. E. Coefficient Alpha and the Internal Structure of Tests [J]. Psychometrika, 1951 (16): 297 –334.

[193] Cruyningen P. J. V. Credit and Agriculture in the Netherlands, Eighteenth-Nineteenth Centuries [J]. 2010.

[194] Demirguc-Kunt A. , Levine R. Stock Markets, Corporate Finance, and Economic Growth: An Overview [J]. The World Bank Economic Review, 1996, 10 (2): 223 –239.

[195] Diamond D. W. , Dybvig P. H. Bank Runs, Deposit Insurance, andLiquidity [J]. Journal of Political Economy, 1983, 91 (3): 401 –419.

[196] Doty, D. H. , W. H. Glick and G. P. Huber. Fit, Equifinality, and Organizational Effectiveness: A Test of Two Configurational Theories [J]. Academy of Management Journal, 1993. 6 (6): 1196 –1250.

[197] Durusu-Ciftci D. , Ispir M. S. , Yetkiner H. Financial Development and Economic Growth: Some Theory and More Evidence [J]. Journal of Policy Modeling, 2016: 290 –306.

[198] Fairbairn M. "Like Gold with Yield": Evolving Intersections between Farmland and Finance [J]. Journal of Peasant Studies, 2014, 41 (5): 777 –795.

[199] Ghosh J. The Unnatural Coupling: Food and Global Finance [J]. Journal of Agrarian Change, 2010, 10 (1): 72 –86.

［200］ Gray R. W. Economics of Futures Trading, for Commercial and Personal Profit by Thomas A. Hieronymus ［J］. Journal of Marketing, 1977, 54 (3).

［201］ Greenwood J. , Jovanovic B. Financial Development, Growth, and the Distribution of Income ［J］. Journal of Political Economy, 1990, 98 (5): 1076 – 1107.

［202］ Greenwood J. , Smith B. D. Financial Markets in Development, and the Development of Financial Markets ［J］. Journal of Economic Dynamics and Control, 1997, 21 (1): 145 – 181.

［203］ Grogan, F. O. Price Stabilisation in the Australian Wheat Industry ［J］. The Australian Quarterly, 1948, 20 (4): 25.

［204］ HLPE (High Level Panel of Experts). Social Protection for Food Security: A Report by the High Level Panel of Experts on Food Security and Nutrition of the Committee on World Food Security ［J］. 2012.

［205］ Holtz-Eakin D. , Rosen N. H. S. Estimating Vector Autoregressions with Panel Data ［J］. Econometrica, 1988, 56 (6): 1371 – 1395.

［206］ IFC (International Finance Corporation). Scaling up Access to Finance for Agricultural SMEs: Policy Review and Recommendations ［M］. Washington, DC: International Finance Corporation, 2011.

［207］ Isakson S. R. Food and Finance: The Financial Transformation of Agro-Food Supply Chains ［J］. Journal of Peasant Studies, 2014, 41 (5): 749 – 775.

［208］ Jennrich, R. I. Rotation Methods, Algorithms, and Standard Errors ［M］. Mahwah, NJ: Lawrence Erlbaum, 2007: 315 – 335.

［209］ Jennrich R. I. , Sampson P. F. Rotation for Simple Loadings ［J］. Psychometrika, 1966, 31 (3): 313 – 323.

［210］ Joreskog K. G. A General Approach to Confirmatory Maximum Likelihood Factor Analysis ［J］. Psychometrika, 1969, 34 (2): 183 – 202.

［211］ Kanter D. R. , Musumba M. , Wood S. L. R. , et al. Evaluating Agricultural Trade-Offs in the Age of Sustainable Development ［J］. Agricultural Systems, 2016.

［212］ Kaw A. K. , Pagano N. J. Axisymmetric Thermoelastic Response of a Composite Cylinder Containing an Annular Matrix Crack ［J］. Journal of Composite Materials, 1993, 27 (6): 540 – 571.

［213］ King R. G. , Levine R. Finance and Growth: Schumpeter Might Be Right ［J］. Quarterly Journal of Economics, 1993, 108 (3): 717 – 737.

［214］ Larson D. F. , Varangis P. , Yabuki N. Commodity Risk Management and Development ［J］. Policy Research Working Paper, 2016.

［215］ Levine R. Financial Development and Economic Growth: Views and Agenda ［J］. Journal of Economic Literature, 1996, 35 (2): 688 – 726.

［216］ Levine R. Financial Development and Growth: Views and Agenda ［J］. Journal of Economic Literature, 1999, 5 (3): 413 – 433.

［217］ Levine R. Stock Markets, Growth, and Tax Policy ［J］. The Journal of Finance, 1991, 46 (4): 21.

［218］ Lucas R. E. On the Mechanics of Economic Development ［J］. Journal of Monetary Economics, 1988, 22 (1): 6.

［219］ Magnan, A. The Limits of Farmer Control: Food Sovereignty and Conflicts over the Canadian Wheat Board. In Food Sovereignty in Canada: Creating Just and Sustainable Food Systems ［M］. NS: Fernwood Publishing, 2011.

［220］ Martin S. J. Finance for Agriculture or Agriculture for Finance? ［J］. Journal of Agrarian Change, 2015, 15 (4): 549 – 559.

［221］ Mckinnon R. I. Financial Liberalization and Economic Development: A Reassessment of Interest-Rate Policies in Asia and Latin America ［J］. Oxford Review of Economic Policy, 1989, 5 (4): 29 – 54.

［222］ McMichael, Philip. Agrofuels in the Food Regime ［J］. Journal of Peasant Studies, 2010, 37 (4): 609 – 629.

［223］ Mcmichael, Philip. Value-Chain Agriculture and Debt Relations: Contradictory Outcomes ［J］. Third World Quarterly, 2013, 34 (4): 671 – 690.

［224］ Miles, R. E. and C. C. Snow. Fit, Failure, and the Hall of Fame: How Companies Succeed or Fail ［M］. New York: Free Press, 1994.

［225］Miller C. , Jones L. Agricultural Value Chain Finance: Tools and Lessons ［J］. Agricultural Value Chain Finance Tools & Lessons, 2010.

［226］Mohamed A E. Financial Development and Economic Growth: The Role of the Stock Markets ［J］. University of East London, 2001.

［227］Mundlak, Yair. Empirical Production Function Free of Management Bias ［J］. Journal of Farm Economics, 1961, 43 （1）: 44.

［228］Muthén B. A General Structural Equation Model with Dichotomous, Ordered Categorical, and Continuous Latent Variable Indicators ［J］. Psychometrika, 1984, 49 （1）: 115 – 132.

［229］Patrick, H. T. Financial Development and Economic Growth in Developing Countries ［J］. Economic and Cultural Change, 1966, 14 （2）: 174 – 189.

［230］Powlson D. S. , Stirling C. M. , Jat M. L. , et al. Limited Potential of No-Till Agriculture for Climate Change Mitigation ［J］. Nature Climate Change, 2014, 4 （4）: 678 – 683.

［231］Robinson J. The Rate of Interest, and Other Essays ［M］. MacMillan, 1952.

［232］Rousseau P. L. , Wachtel P. Equity Markets and Growth: Cross-Country Evidence on Timing and Outcomes, 1980 – 1995 ［J］. Journal of Banking & Finance, 2000, 24 （12）: 1933 – 1957.

［233］Sachs J. , Mcarthur J. W. , Schmidt-Traub G. , et al. Ending Africa's Poverty Trap ［J］. Brookings Papers on Economic Activity, 2004 （1）: 117 – 240.

［234］Saintpaul G. Technological Choice, Financial-Markets and Economic-Development ［J］. European Economic Review, 1992, 36 （4）: 763 – 781.

［235］Sanders D. R. , Irwin S. H. , Merrin R. P. The Adequacy of Speculation in Agricultural Futures Markets: Too Much of a Good Thing? ［J］. Applied Economic Perspectives & Policy, 2010, 32 （1）: 77 – 94.

［236］Schumpeter, J. A. , Translated by Opie, R. The Theory of Economic Development: An Inquiry into Profits, Capital, Credit, Interest, and the Business Cycle ［M］. Cambridge: Harvard University Press, 1911.

[237] Stichele M. V. , Tilburg R. V. Feeding the Financial Hype—How Excessive Financial Investments Impact Agricultural Derivatives Markets [J]. Ssrn Electronic Journal, 2011.

[238] Sutcliffe C. Investment by Pension Funds [M] //Finance and Occupational Pensions. Palgrave Macmillan UK, 2016.

[239] Swinnen J. F. M. , Gow H. R. Agricultural Credit Problems and Policies during the Transition to a Market Economy in Central and Eastern Europe [J]. Food Policy, 1999, 24 (1): 21 –47.

[240] Tett G. Fool's Gold: How the Bold Dream of a Small Tribe at J. P. Morgan Was Corrupted by Wall Street Greed and Unleashed a Catastrophe [Paperback] [J]. Business Economics, 2010, 45 (2): 140 –141.

[241] Turner A. H. Part 1 ‖ Federal Marketing and Price Support Legislation in Canada [J]. Journal of Farm Economics, 1949, 31 (4): 594 –609.

[242] United Nations. Transforming Our World: The 2030 Agenda For Sustainable Development [J]. Working Papers, 2015.

[243] Van de Ven, A. H. Review of Aldrich's book—Organizations and Environments [J]. Administrative Science Quarterly, 1979 (24): 320 –326.

[244] Varangis P. Dealing with Commodity Price Uncertainty [J]. Policy Research Working Paper, 1996: 1 –44.

[245] Vermeulen S. J. , Campbell B. M. , Ingram J. S. I. Climate Change and Food Systems [J]. Annual Review of Environment and Resources, 2012, 37 (1): 195 –222.

[246] White R. , Rothman H. Nature's Metropolis: Chicago and the Great West, 1848 – 1893. By William Cronon [J]. Environmental History Review, 1992, 16 (2): 85 –91.

[247] Winson A. The Intimate Commodity: Food and the Development of the Agro-Industrial Complex in Canada/Anthony Winson [J]. Canadian Public Policy, 1995, 21 (1): 132.

[248] Wolff H. W. People'S Banks [J]. LSE Selected Pamphlets, 1919.

［249］ World Bank. Africa Can Help Feed Africa Removing Barriers to Regional Trade in Food Staples ［R］. 2012.

［250］ Worthy, M. Broken Markets: How Financial Market Regulation Can Help Prevent Another Global Food Crisis. London: World Development Movement. http: //www. globaljustice. org. uk/sites/default/files/files/resources/broken-markets. pdf, 2011.

［251］ Wu J. L. , Hou H. , Cheng S. Y. The Dynamic Impacts of Financial Institutions on Economic Growth: Evidence from the European Union ［J］. Journal of Macroeconomics, 2010, 32 （3）: 879 – 891.